KB192973

칼 슈미트의
『대지의 노모스:
  유럽 공법의 국제법』읽기

세창명저산책 108

칼 슈미트의
『대지의 노모스:
유럽 공법의 국제법』 읽기

초판 1쇄 발행 2025년 3월 3일

–

지은이 최형익

펴낸이 이방원

기획위원 원당희

책임편집 박은창   **책임디자인** 손경화

마케팅 최성수 · 김 준   **경영지원** 이병은

–

펴낸곳 세창미디어

신고번호 제2013-000003호   주소 03736 서울특별시 서대문구 경기대로 58 경기빌딩 602호

전화 02-723-8660 팩스 02-720-4579   **이메일** edit@sechangpub.co.kr   **홈페이지** http://www.sechangpub.co.kr

블로그 blog.naver.com/scpc1992   페이스북 fb.me/Sechangofficial   인스타그램 @sechang_official

–

ISBN 978-89-5586-837-1 02340

ⓒ 최형익, 2025

이 책에 실린 글의 무단 전재와 복제를 금합니다.

세창명저산책

칼 슈미트의
『대지의 노모스:
유럽 공법의 국제법』 읽기

CARL SCHMITT

108

최형익 지음

세창미디어
MEDIA

프롤로그

칼 슈미트Carl Schmitt는 20세기를 대표하는 헌법학자로 잘 알려져 있다. 사실 그는 저명한 국제법학자이기도 하다. 『대지의 노모스』는 칼 슈미트의 국제법 이론을 집대성한 역작으로, 뉘른베르크 전범 재판에서 교수직을 박탈당하고 1년 남짓의 수형생활 끝에 출간한 인고의 세월을 견뎌 낸 저작이라는 점에서 커다란 의미가 있다. 이 책에서 슈미트는 유럽 국제법의 최대 성과라 할 수 있는 '정당한 전쟁just war' 개념을 포괄적으로 설명하는 데 상당한 지면을 할애한다.

슈미트에게 전쟁과 평화는 동전의 양면과도 같다. 평화는 전쟁과 별개로 존재하는 게 아니라 전쟁을 제한하고 억제한 결과다. 그러므로 새로운 국제법의 출현은 전쟁 개념과 그 원인에 대한 이해를 동시에 함축한다. 현상에 있어 유혈과 파괴 등 전쟁 양상 자체는 대부분의 전쟁에서 동일할지 몰라도 전쟁을 이해하는 방식은 해당 시대의 국제법 맥락에 따라 정치적으로 재해석될 수밖에 없다는 게 슈미트의 일관된 주장이다. 『대지의 노모스』에서 슈미트의 최대 관심사는 전쟁, 특히 '정당한 전쟁' 개념의 이론적, 역사적 변천 과정이다. 같은 이유에서 이 글은 슈미트의 전쟁에 대한 해석을 중심으로 논지를 전개하고자 한다. 독자들 또한 전쟁 개념을 둘러싸고 벌어지는 국제법 논쟁에 주목하여 이 글을 읽는다면 상당한 지적 이해를 도모할 수 있을 것이다.

슈미트는 전쟁을 포함한 국제법의 다양한 주제가 별도로 존재하는 게 아니라 국제법의 근원을 이루는 '대지의 노모스'에 근거하고 있음을 역설한다. 그가 관심을 갖는 것은 실정법으로서의 국제법에 대한 해석이 아니다. 슈미트는 그러한 접근법을 '실증주의'로 비판한다. "실정법, 즉 만들어지고 제정된 법을 다루는 법학자들은 모든 시대에 있어 기존의 질서와 이들 기존질서 안에서의 과정, 따라서 확고하게 수립된 질서영역, 이미 만들어진 것의 영역만을 주목하는 것에 익숙하다. 그들은 질서를 기초 짓는 과정에 관한 문제에 관해서는 걸핏하면 비법률적인 것이라며 거부한다"(2006:82). 이러한 이유에서 슈미트는 국제법을 형성하는 근본 요인으로서의 '대지의 노모스'를 규명하는 데 집중한다.

국제법을 형성하는 근본원인, 즉 대지의 노모스에 대한 탐색은 슈미트의 고유한 헌법·국가론에서 유래하는 것이기도 하다. 슈미트는 창설하는 것으로서의 대지의 노모스와 창설된 것, 곧 실정법으로서의 국제법 사이의 이러한 전형적인 대립은 원칙적으로 쉽게 이해될 수 있다고 말한다. 원래 창설하는 행위와 창설된 제도 사이의 구별, 질서수립적 질서와 그 질서로 생성된 질서 사이의 대립, 헌법제정권력과 헌법에 의해 제정된 권력 사이의 대립은 일반적으로 잘 알려져 있다. 실정법만을 다루는 데 익숙한 법학자들은 그보다 더 나아간 문제인 헌법의 유래나 국가의 성립, 정치적 정당성에 관한 문제에 관해서는 관심을 표명하지 않는다.

'대지의 노모스'를 슈미트의 헌법 이론과 비교하여 설명하자면 그것은 국가나 정치적 정당성의 근원을 형성하는 헌법제정권력으로서의 '인민주권'과 유사한 개념이다. 한마디로 대지의 노모스란 현존하는 국제질서와 국제법을 정당화하는 근본 원리이다. 이런 관점에서 보았을 때 국제정치를 단순히

'무정부주의'로 규정하는 것은 잘못된 일이다. 국제정치가 정당성의 원천으로서의 대지의 노모스에 기반할 경우, 질서 잡힌 국제법 형성이 가능할 것임은 물론 주권국가들이 거기에 순응할 것이라는 게 슈미트의 판단이다.

슈미트의 헌법 이론이 그렇듯이, 그의 국제법 이론 역시 '정치적인 것the Political'의 개념에 기반한다. 슈미트에게 법과 정치는 따로 떨어져 있지 않고 모든 법은 '정치적인 것'의 내용을 이룬다. 국제정치 또한 예외가 아니다. 대표적 사례가 바로 '본초자오선Prime meridian' 획정을 둘러싼 유럽 열강들 사이의 투쟁이다. 오늘날 관습적으로 여겨지고 있는 본초자오선이 영국의 그리니치를 통과하고 있다는 사실은 순수하게 객관적이거나 중립적인 어떤 것이 아닐뿐더러 순전히 우연적인 것도 아니며 여러 종류의 본초자오선이 정치적으로 투쟁한 결과였다.

영국인들과 해양지배와 세계지배를 놓고 투쟁한 프랑스인들은 2백 년 넘게 파리 천문대의 자오선을 유일한 본초자오선으로 간주해 왔다. 그러다가 1911년에야 비로소 그리니치 자오선에 대한 저항을 포기했다. 독일 또한 1916년에 그리니치

자오선으로 베를린 천문학연감天文學年鑑을 변경했다. 슈미트에 따르면 그리니치 본초자오선의 보편적 통용을 당시 영국의 해양지배와 세계지배의 상징으로 간주한 사실을 상기한다면 본초자오선, 그러니까 표준시를 둘러싼 강대국들 사이의 투쟁이 순수하게 수학적이고 지리학적인 문제를 과도하게 정치화한 것만도 아니었다.

'유럽 공법의 국제법'이라는 이 책의 부제副題에서 알 수 있듯이 『대지의 노모스』는 유럽 국제법에 대한 분석을 주요 목표로 하며 그런 만큼 400년 가까이 위세를 떨쳤던 유럽 국제법의 몰락 과정을 회한에 찬 심정으로 그려 낸다. 뼛속 깊이 유럽중심주의자였던 슈미트에게 유럽 국제법의 종말은 익숙한 한 시대의 종말이자 학문적 삶의 기반으로 여겨 왔던 유럽 문명의 붕괴이기도 했기 때문이다. 슈미트가 이 저작을 끝으로 의미 있는 학술적 진전을 달성하지 못한 것도 이러한 이유 때문인지 모르겠다. 어떠한 위기의식도 없이 오히려 아무것도 예감하지 못한 채로 19세기 말의 유럽의 국제법학은 그것의 이제까지의 질서가 가지고 있었던 공간 구조에 대한 의식을 상실했다. 이를 대신해 새로운 대지의 노모스로 등장한 세력이 바로 서반구, 곧 미국이다.

문제는 여기서부터 발생했다. 슈미트가 이해하기에 유럽 국제법의 대표적 특징은 질서 지어진 형태의 제한전, 곧 정당한 전쟁 개념에 입각한 구체적 공간질서로서 이는 무정부적이지도 않았고 20세기 미국이 주창한 보편주의 세계 질서처럼 허무주의虛無主義, nihilism적이지도 않았다. 대규모의 평화회의를 통해 현상을 유지하고 조정할 줄 알았던 유럽 중심의 공간질서는 1차 세계대전을 거치며 파괴되었다. 그 과정에서 특별한 유럽의 질서가 미국이 주도한 무공간적인 보편주의 속에서 해체됐지만 그렇다고 새로운 공간질서가 그 자리를 대신하는 일도 발생하지 않았다.

유럽의 전쟁으로 제한할 수 있었던 1914-1918년 전쟁이 미국의 참전을 기점으로 세계전쟁으로 비화했다는 게 슈미트의 주장이다. 이 관점에서 본다면 1, 2차 세계대전을 거치며 인류 역사에 대혼란을 야기한 가장 큰 책임이 미국에 있다는 추론 역시 가능하다. 유럽전쟁이 미국의 개입으로 말미암아 세계전쟁으로 비화했는지 아니면 무한정 지속할 것 같았던 유럽전쟁이 그나마 미국의 개입으로 마무리되었는지에 관해서는 논란의 여지가 있다. 분명한 것은 1차 세계대전을 통해 유럽 스스로 국제정치의 문제를 해결할 능력을 상실했다는 사실이다. 보다 중요한 것은 미국 중심의 대지의 노모스가 20세기 이후 세계 질서를 주도해 왔다는 사실이며, 향후 세계 질서 또한 미국이 계속 주도할 것인가 여부다.

여기서 우리는 미국이 표방한 '세계경찰로서의 역할'에 대해 반추해 볼 필요가 있다. '세계경찰'이라는 표현은 전후 미국의 국력과 위세를 드러내는 일종의 비유처럼 관습적으로 사용되어 왔다. 하지만 '세계경찰'은 대단히 위압적인 정치적 용어로 새로운 대지의 노모스의 탄생을 상징한다. 이 말 속에는 전쟁을 부정하고 범죄화하려는 국제법적 전환의 시각이 깔려 있다. 왜냐하면 경찰 행동police action이란 치안유지를 위한 개별 정부의 공권력 행사로 이해되어 왔기 때문이다. 전쟁을 범죄화하려는 시도는 1924년 '제네바 의정서' 채택 논란을 시작으로 '부전조약不戰條約'과 '불승인주의'를 표방한 '스팀슨 독트린'을 거쳐 1945년 전쟁을 불법화한 국제연합 헌장 제1조의 채택에서 정점에 달했다.

그런데 놀랍게도 16세기에서 20세기 초반까지 근 300년 이상 유럽 국제법 체계 내에서 전쟁은 국가 간의 합법적 정치 행위였다. 전쟁범죄화와 미국의 세계경찰로서의 역할로 인해 국가 간의 전쟁은 부정되고 전쟁의 내전화가 불가피해졌다. 왜냐하면 내전은 국제법상으로 더 이상 전쟁이 아니기 때문이다. 미국 역시 '내전을 가장한 전쟁'에 세계경찰로서 합법적으로 개입할 수 있는 명분을 갖게 된다. 그래서인지 몰라도 미국은 전후 자국이 개입한 군사 분쟁을 전쟁으로 규정하지 않았고 선전포고도 필요 없는 '경찰 행동'으로 간주했다. 한국전쟁과 베트남전쟁이 모두 그러했다.

현재의 세계정세는 1차 세계대전과 2차 세계대전 사이의 전간기戰間期를 연상케 할 정도로 혼돈을 향해 치닫고 있다. 이러한 다중·복합 위기가 미국 주도의 '경찰 행동'만으로 쉽게 해결될 것으로 생각하지 않는다. 다시 말해서, 현재의 시기는 인류의 미래를 쉽게 낙관할 수 없는 불확실성의 시대로서 새로운 대지의 노모스의 출현이 그 어느 때보다 절실히 요구되는 시점이다.

인류 역사가 기후위기나 세계전쟁의 발발로 파국으로 치달을지 아니면 새로운 세계 질서의 창설을 통해 평화를 구가

할지 여부에 대해서는 쉽게 판단할 수 없는 일이다. 그럼에도 불구하고 새로운 세계 질서로의 안내자가 필요한 것은 분명해 보인다. 이 점에서 칼 슈미트의 『대지의 노모스』는 지나온 인류사를 반추하고 평화를 모색하는 여정에서 하나의 나침반 역할을 해 줄 것이라 판단한다.

칼 슈미트의 국제법 사상과 대지의 노모스 개념에 유의하여 이 글은 다음과 같은 내용을 다룬다. 제1장에서는 대지의 노모스 개념에 대해 설명한다. 제2장에서는 유럽 국제법의 역사적 토대인 신세계의 육지 취득과 경계선 사고에 대해 설명한다. 제3장에서는 최초의 대지의 노모스인 유럽 국제법의 구성 요인에 대해 설명한다. 제4장에서는 새로운 육지 취득으로 상징되는 영토 변경과 강대국 승인을 중심으로 유럽 국제법의 실천에 대해 설명한다. 제5장에서는 1차 세계대전 이후 유럽 국제법의 붕괴와 새로운 대지의 노모스로서 미국 중심의 국제법에 대해 설명한다. 에필로그에서는 냉전 시기 미국이 주도한 국제질서하에서도 '대지의 노모스'라는 칼 슈미트의 공간 사상이 여전히 유효함을 규명한다.

차례

프롤로그   005

제1장 '대지의 노모스'로서의 국제법   017

     1. 법이 탄생하는 근원적 공간으로서의 대지   018
     2. '대지의 노모스'란 무엇인가?   025

제2장 신세계의 육지 취득과 경계선 사고   035

     1. 국제법 창설 과정으로서의 육지 취득   035
     2. 국제법의 토대로서의 경계선 사고   039
     3. 신세계 육지 취득에 대한 정당화: '발견'과 '점유'   057

제3장 유럽 공법의 국제법의 구성 요소   071

     1. 포괄적 공간질서   072
     2. 국가 형태의 전쟁에 의한 내전의 극복:
         '정당한 적'과 '정당한 전쟁' 개념   076
     3. 전쟁의 제한과 세력균형   079
     4. 두 개의 공간질서: 육지와 자유로운 해양   083
     5. 영국, 해양적 존재로의 이행   088
     6. 육전과 해전의 차별성   096

제4장 유럽 국제법의 이론과 현실   **101**

    1. 유럽 국제법상의 영토 변경의 의미   **105**

    2. 유럽 국제법상의 강대국의 지위와 역할   **111**

    3. 영토 변경의 두 가지 차원: 문명의 유럽과 야만의 비유럽   **119**

제5장 새로운 대지의 노모스   **131**

    1. 최후의 육지 취득과 유럽 공법의 해체   **133**

    2. 서반구라는 경계선의 등장과 새로운 대지의 노모스   **139**

    3. 국가 승인에 관한 국제법상의 의미 변화: '불승인주의'   **143**

    4. 국제연맹과 대지의 공간질서 문제   **154**

    5. 미국의 공식적 부재와 실효적 현존이 초래한 공간무질서   **160**

    6. 전쟁의 의미 변화: 전쟁범죄화로의 길   **172**

    7. 공간의 의미 변화: 현대적 파괴수단으로서의 전쟁   **216**

에필로그   **223**

참고문헌   **236**

일러두기

1. 이 글의 저본인 칼 슈미트의 『대지의 노모스』와 관련하여 한국어 판본에 대한 번역상의 보완점들이 여럿 존재하므로 영문본과 대조하여 교정·인용함. 저본으로 영문판 『대지의 노모스』를 사용하며 (출판연도: 쪽수)로 표기함.
2. 그 밖의 참고문헌은 (저자명, 출판연도: 쪽수)로 표기함.

제1장

—

'대지의 노모스'로서의 국제법

　　슈미트는 국제법에 대한 자신만의 고유한 관점을 전개하기 위한 예비 전제로서 다섯 개 장으로 이루어진 국제법 형성의 원리를 검토한다. 이 가운데 이론적 논의는 '1장, 질서와 장소확정terrestrial orientation의 통일로서의 법'과 '4장, 노모스라는 말의 의미에 관하여'이다. '2장, 지리상의 발견 이전의 국제법'과 '3장, 기독교적 중세의 국제법에 대한 언급' 그리고 '5장, 신세계의 육지 취득'은 주로 역사적 논의에 해당한다. 여기서 대지의 노모스 개념과 관련하여 결정적 의미를 갖는 것은 1장과 4장이다. 여기서는 대지의 노모스에 대한 정의를 중심으로 슈미트의 국제법에 대한 이해를 살펴보고자 한다.

1. 법이 탄생하는 근원적 공간으로서의 대지

슈미트에 따르면 인류 역사 전반에 있어 법이 탄생하는 근원적 공간은 바로 대지大地, the earth이다. 대지는 신화 속에서도 법의 어머니로 일컬어진다. 그 말은 대지가 법과 권리, 그리고 저스티스Justice, 곧 정의正義의 근원으로 되어 있다는 것을 의미한다.

첫째, 비옥한 대지는 그 풍요함의 태중胎中에 내재적 척도를 품고 있다. 왜냐하면 인간이 풍요한 대지에 쏟아붓는 수고와 노동, 파종과 경작에 대해서는 생장과 수확으로써 대지가 정당하게 보답하기 때문이다. 모든 농부는 이러한 규정의 내재적 척도를 알고 있다.

둘째, 인간이 개간하고 경작한 토지는 경계를 드러내고 그에 의해 토지의 분할이 확정된다. 경계는 전답, 초지, 삼림 등을 구획함으로써 고랑이 만들어지고 새겨진다. 그 토지 위에 사람들은 논밭과 벌판, 윤작輪作지와 휴경지의 구분 속에서 나무를 심고 씨를 뿌린다. 이 경계 안에서 경작의 척도와 규칙들을 이해할 수 있으며 그에 따라 인간의 노동이 행해진다.

셋째, 대지는 그 확고한 토대 위에 울타리와 담장, 경계석, 벽, 가옥과 그 밖의 건조물을 떠받치고 있다. 여기서 인간의 공동생활의 질서와 장소확정이 명백해진다. 가족, 씨족, 부족과 신분, 소유의 종류에 더해 서로 인접한 부동산 소유자나 이용자 상호 간의 법적 관계 및 권력 형태와 지배 형태가 여기서 명확하게 인식될 수 있게 된다.

대지는 이렇게 세 가지 방식으로 법과 결합되어 있다. 정리하면, 대지는 그 내부에 노동의 대가로서의 법을 품고 있고, 확정된 경계로서 법을 드러내며, 질서의 공적인 표식標識으로서 법을 유지한다. 요컨대, 법은 대지에 구속되어 있고 대지와 관련되어 있다(2006:42).

이에 비해 바다는 공간과 법의, 질서와 장소확정의 명백한 통일을 알지 못한다. 왜냐하면 바다는 끊임없이 유동하기 때문이다. 바다의 풍부한 자원, 물고기나 진주 그리고 그 밖의 것들을 얻기 위해 인간의 노고가 필요하지만 그것들은 육지 생산물과 같이, 파종과 수확이라는 내재적 척도에 따라 획득되는 것은 아니다. 바다에는 밭에 씨를 뿌릴 수 있는 것도 아니고 확정된 경계를 새겨 넣을 수도 없다. 바다를 항해하는 선박은 아무런 흔적도 남기지 않기에, 슈미트는 '파도 위에서는 모든 것이 파도'라고 말하는 것이다.

그러므로 바다는 자유로운 공간이다. 바다는 국가 영역에 속하지 않으며, 매우 상이한 인간 활동의 세 가지 영역인 어업, 평화적인 선박의 항행, 전쟁 수행을 위해 완전히 동일한 방식으로 공개되어야만 한다. 적어도 국제법 교과서에서는 그렇게 기술되어 있다.

"공간적 충돌이 발생했을 경우, 예컨대 자유어업권 또는 평화적 항행에 대한 중립국의 권리가 전쟁 수행의 자유에 대한 해양 강대국의 권리와 충돌할 경우, 바다의 자유로운 이용에 대한 이러한 평등권이 실제로는 어떠한 것이 되는가에 관해서 우리들은 쉽게 상상할 수 있다. 그럴 경우 세 가지 사항 모두에 대해 평등하게 자유로운 바다라고 하는 동일한 표면이 평화적인 노동의 무대와 활동 영역이 됨과 동시에 현대 해전의 전투 행위의 무대와 활동 영역이 될 것이다. 그렇게 되면 전쟁을 수행하는 해양 강대국이 바다 밑에 기뢰를 부설할 수 있는 바로 그곳에서 평화로운 어부가 한가히 고기잡이를 할 수 있으며, 전쟁 당사국들이 기뢰와 잠수함과 비행기를 가지고 서로를 파괴할 수 있는 곳을 중립국은 자유롭게 항해할 수 있다"(2006:43).

정리하면, 법의 커다란 원초 행위Ur-Akt, 즉 최초의 입법 행위는 육지 취득과 도시 건설 그리고 식민지 창설과 같이 대지에 구속된 '장소확정' 속에 존재한다. 중세적 어법으로부터 여전히 유용성을 가지고 있는 것, 이용 가능한 토지에 대한 최초의 측량과 분배는 언제나 육지 취득 및 도시 건설과 결합해 있었다. 그럼으로써 그 밖의 모든 척도를 그 속에 포함하고 있는 하나의 최초의 척도가 등장한다.

기본 체제가 동일성을 인식할 수 있도록 유지되고 있는 한, 장소확정이라는 근본 척도는 인식 가능한 것으로 지속된다. 육지를 취득하는 부족 또는 민족에 의해 분할된 육지와 토지 사이의 그 이후의 모든 사법적 관계, 성벽에 의해 보호되는 도시 또는 새로운 식민지의 모든 조직은 이러한 근본 척도에 의해 규정되고, 모든 관행적인 존재적으로 정당한 판단은 토지로부터 출발한다.

"모든 정착 민족, 모든 정치 공동체 및 모든 제국의 역사의 시초에는 육지 취득이라는 본질적 과정이 어떠한 형식으로든 존재했다. 그 말은 모든 역사적 시대의 시작의 경우에도 타당하다. 육지 취득은 그에 뒤따라 발생하는 질서에 논리적으로 선행할 뿐만 아니라 역사적으로도 선행한다. 육지 취득은 공간적 시원질서, 즉 그 뒤에 나오는 모든 구체적인 질서와 법의 근원을 내포하고 있다. 육지의 취득은 역사적 의미 영역에 있어서의 근원적 충격이다. 이러한 근본적인 권리 원천으로부터 모든 확대된 점유 관계와 소유 관계가 파생한다"(2006:48).

슈미트는 전통적인 국제법의 역사를 육지 취득의 역사로 정의한다. 특정한 시기에 해양 취득이 국제법의 역사에 추가된다. 그렇게 되면 대지의 노모스, 곧 국제법은 대륙과 자유해 사이의 일정한 관계에 근거한다. 슈미트에 따르면, 20세기 중반 이후부터 대륙과 자유해는 새로운 공간적 사건인 공중에서의 지배 가능성에 의해, 또 각각의 자체에 의해, 그리고 그들과 대립되는 관계에 있어 양자 모두에 의해 중대한 변화를 경험하고 있다.

"영토주권의 차원이나 인간의 권력수단, 교통수단, 통신수단의 작용력이나 신속성뿐만 아니라 실효성의 내용 역시 변화하고 있다. 이러한 실효성은 언제나 공간적 측면을 지니며, 또 육지 취득이나 점령에 대해서뿐만 아니라 통상금지 및 봉쇄 조치에 대해서도 언제나 국제법적인 중요 개념으로 유지된다. 그 결과 보호와 복종의 관계 역시 그 이상으로 변화하며, 그와 더불어 정치·사회 권력 및 그것들과 다른 권력에 대한 관계도 변화한다. 그리하여 인간의 공간 의식과 전 세계적 질서의 새로운 단계가 시작되는 것이다"(2006:48).

슈미트는 여기서 『대지의 노모스』에 담길 주요 내용을 개괄한다. 그에 따르면, 이전의 모든 세계 질서는 그 질서가 바다의 지배와 해양 제국을 포함했던 경우에도, 근본적으로 육지적인 것이었다. 육지적 세계 질서는 지리상 발견의 시대에 중대한 변화를 겪게 되는데, 바로 그때 대지, 곧 지구가 유럽 민족들의 전 세계적 의식에 의해 처음으로 파악되고 측량되었기 때문이다. 이로부터 최초의 대지의 노모스가 등장했다. 최초의 대지의 노모스는 대륙의 공간질서와 자유해의 공간질서의 관계에 근거하며, 400년 가까이 유럽 중심의 국제법인 유럽 공법을 떠받쳐 왔다.

16세기에 육지적 존재로부터 해양적 존재로 과감히 발걸음을 옮긴 것은 바로 영국이었다. 산업혁명을 계기로 더 많은 발걸음이 해양으로 옮겨졌으며, 그 과정에서 대지는 새롭게 파악되고 측량됐다. 해양적 존재로의 발걸음을 최초로 내딛은 국가인 영국에서 산업혁명이 발생했다는 사실이 그 본질이다. 바로 여기에 유럽 국제법을 넘어서는 '새로운 대지의 노모스'의 비밀로 접근할 수 있는 계기가 존재한다.

이제까지 오직 탁월한 한 사람의 사상가만이 그 비밀에 가까이 다가갈 수 있었다. 그 사람은 바로 헤겔이다. 슈미트는 "가족생활을 영위하는 원리는 견고한 대지에 의존하는 농업에 달려 있다. 이와 유사하게, 산업의 자연적 요인은 바로 바다이다. 바다는 산업의 외부로의 활동을 촉진한다"라는 『법철학』에서의 헤겔의 주장을 인용하며, 이 주장이 새로운 대지의 노모스의 출현에 관한 자신의 추론에 도움을 줄 것이라 말한다.

헤겔의 위 언급은 장래의 예측, 특히 미국이 주도하는 새로운 대지의 노모스의 출현을 이해하는 데 결정적 의미를 가진다. "인간이 과학과 기술에 힘입어 건설한 산업화된 세계가 육지에 토대를 두는가 아니면 해양에 토대를 두는가 하는 것은 결코 사소하지 않기 때문에 기본적으로 구분할 필요가 있다"(2006:49). 우리는 이 문제에 대해 20세기 중반 이후 유럽 국제법을 대체하기 시작한 미국 중심의 국제법을 다룬 제5장에서 보다 자세히 고찰할 기회를 가질 것이다.

2. '대지의 노모스'란 무엇인가?

이 절이 책 전체에서 가장 중요한 내용을 담고 있다고 해도 지나치지 않다. 그 이유는 슈미트의 국제법 사상을 한마디로 요약할 수 있는 '대지의 노모스' 개념에 대한 논의를 전개하고 있기 때문이다. 그렇다면 '대지의 노모스'란 무엇인가?

이는 구체적 질서 창설 행위, 특히 지구 전체를 대상으로 하는 국제정치 공간에서의 질서 창설 행위를 의미한다.

슈미트에 따르면, 국제법은 "공간적으로 구체적이며 창설적인 질서 행위와 장소확정 행위, 한마디로 법과 질서를 수립하는 근본 질서"(2006:78)인 대지의 노모스에서 유래한다. 슈미트는 국제법에 대한 실증주의적 접근[1]을 비판하면서 국제법에 내재한 정치적인 것으로서의 국제관계의 본질, 곧 세계사적 전환기에 도래하는 각각의 대지의 노모스를 해석하는 데 초점을 맞춘다.

"실증주의의 창시자인 오귀스트 콩트가 말했던 바와 같이, '현상의 법칙'만이 실증주의의 관심의 대상이 되며, 생성의 법

---

[1] 국제법에 대한 실증주의적 접근이란 특정한 국제법이 성립하게 된 사상적 근원, 곧 법철학 내지 정치사상적 고찰을 포기하고 기존에 성립한 국제조약 또는 협약에서 국제법적 해석의 근거로 작용할 수 있는 법적인 권리 원천을 발견하고 해석하는 방법을 의미한다. 한마디로, "국제법의 주류적 접근법으로서의 실증주의적 방법은 존재하는 법의 규칙들을 설명하기 위해 국가의 관습과 국가 간에 체결된 조약들에 나타나는 현존하고 승인된 국제법 규칙들에 기초해야 한다는 것이다"(김영석, 2023:15).

칙은 실증주의의 관심의 대상이 아니다. 근원과 발단은 실증주의의 핵심적 특징이 아닌데, 그것이 바로 콩트가 장소확정과 질서 사이의 관련을 폐기한 이유이기도 하다"(2006:72).

슈미트는 노모스를 하나의 근원적 행위로 파악한다. 노모스의 본질은 "법률에 의해 매개되지 않는 법의 힘이 지니는 완전한 직접성"으로서 "창설적이며 역사적인 사건, 단순한 법률의 합법성을 처음으로 의미 있는 것으로 만드는 정치적 정당성을 창출하는 행위"(2006:73)이다. 모든 법의 근원 행위로서의 노모스는 법이 탄생하는 원초적 공간인 대지the earth와 결부된 '대지의 노모스'로서 출현할 수밖에 없다. 바로 여기서 '노모스'의 어원語原이 밝혀진다. 모든 규준의 기초가 되는 최초의 측량, 최초의 공간 분할과 분배로서의 최초의 육지 취득, 육지의 원초적 분할과 원초적 분배에 해당하는 그리스어가 바로 노모스νόμος다. [2]

---

[2]   문명과 야만, 소위 '문야(文野)구분'을 통해 칼 슈미트의 국제법 사상에 비판적으로 접근하고 있는 리디아 류(Liu, 2022:83-84)는 노모스를 슈미트가 말한 측정과 통치

"노모스라는 용어는 근원적이며 공간적인 의미에서 이해할 때, 기초를 형성하며 장소확정과 질서를 그 속에 통일시키는 과정을 인식하도록 만드는 가장 적합한 용어이다"(2006:67).

노모스는 아리스토텔레스의 책을 통해서도 확인할 수 있다. "아리스토텔레스의 저서 속에 노모스는 명확하게 근원적인 토지 분배"(2006:68)로 나타나 있다. 우리는 육지 취득에서 유래한 노모스의 근원적 의미를 지금도 인식할 수 있고 그 핵심 내용을 여전히 유지하고 있다. 여기서 구체적 질서와 장소확정의 내부적 척도, 곧 노모스의 결정적인 의미를 가지는 장소확정과 질서 사이의 관련성을 기억하는 게 무엇보다 중요

사이의 내재적 연관을 부각하기 위해 신조어인 규치(規治)라는 용어로 번역하여 사용할 것을 제안한다. 왜냐하면, 규치가 노모스의 '나누다/측정하다(規)'와 '통치(治)'라는 이중적인 함의를 표현할 수 있기 때문이라는 것이다. 필자는 노모스를 규치로 번역해서 부르는 데 동의하지 않는다. 그 이유는 노모스는 앞의 대지라는 말과 조응해서 함께 쓰여야 국제법적 맥락이 드러나고, 슈미트가 이 용어를 통해 의도한 것은 부제에서 알 수 있듯이 유럽 공법의 국제법을 설명하는 것이었기 때문이다. 따라서 노모스만 따로 규치로 번역하는 것은 그 용어에 내포된 역사특수적인 의미를 탈각시킬 수 있다고 판단하여 노모스를 원문 그대로 사용하는 게 오히려 낫다고 여겨진다.

하다. 요컨대, "모든 경우에 있어, 육지 취득은 내부적으로나 외부적으로 그 이후의 모든 법의 기초가 되는 최초의 권리 원천"(2006:42)인 것이다.

슈미트는 '대지의 노모스' 개념이 지정학 혹은 지리학의 그것과는 차이가 있음을 분명히 한다. 법학자들은 사물과 토지에 대한 지식, 다시 말해서 부동산과 영토주권에 관한 지식을 지리학자들로부터 습득한 것은 아니라는 점을 강조하는 가운데, 노모스라는 용어의 어원에 대해 부연한다.

"노모스는 '분할하는 것'과 '목양牧養하는 것'을 의미하는 네메인nemein으로부터 왔다. 따라서 노모스는, 그 속에서 한 민족의 정치적·사회적 질서가 공간적으로 가시화되는 그러한 직접적인 형상形像, 목초지에 대한 최초의 측량과 분할, 즉 육지의 취득으로부터 나오게 되는 것과 마찬가지로 육지 취득 속에 존재하고 있는 구체적 질서이다. 칸트의 말로는 '토지 위에서 내 것과 네 것을 분배하는 법률'이며, 적절한 표현인 또 다른 영어 단어로는 '근본적인 권리 원천radical title'이다. 노모스는 대지의 토지를 특정 질서 속에서 분할하며 자리 잡게 하는 척도이며, 그와 더불어 주어지는 정치·사회·종교적 질서의 형상이다"(2006:70).

슈미트에 따르면, 척도와 질서와 형상은 여기서 하나의 공간적인 구체적 통일을 형성한다. 육지 취득 속에서, 도시 또는 식민지의 창설 속에서 노모스는 가시화하기에 이른다. 노모스에 의해서 하나의 부족이나 민족이 대지에 정착하여 자리를 잡으며, 대지의 일부를 질서가 작동하는 권력의 장으로 전환시키게 된다. 그래서 슈미트는 노모스란 말에 포함된 하나의 역사적 과정과의 결합이 지닌 의미, 즉 하나의 창설적인 공간질서 행위와의 결합을 망각해서는 안 된다는 점에 언제나 주의를 기울여야 한다고 말하고 있는 것이다.

"세계사가 폐쇄되어 있는 것이 아니라 여전히 개방되어 있으며 움직이고 있는 한, 상황들이 아직도 언제까지나 고정되어 있고 화석화되어 있지 않는 한, 달리 말해 인간과 민족이 단순히 하나의 과정만 가지고 있는 것이 아니라 미래도 가지고 있는 한, 세계사적 사건의 언제나 새로운 현상 형태 속에서 새로운 노모스가 생겨나게 된다. 우리에게 중요한 것은, 모든 역사적 시대에 본질적이며 공간을 분할하는 기본 과정이며, 그러는 동안에 과학적으로 측정되는 지구상의 민족들의 공동생활에 있어서의 질서 수립과 장소확정이라고 하는 전체 구조를 결정하는 동시대적 사건이다. 바로 이 맥락에서 우리는 대지의 노모스에 대해 말할 수 있다. 왜냐하면 민족, 제국, 그리고 국가의 공존, 모든 종류의 권력 보유자와 권력 구성체의 공존이라는 새로운 시간과 새로운 시대는 모두가 대지에 대한 새로운 공간 분할, 새로운 제한과 새로운 공간질서 수립을 기초로 하기 때문이다"(2006:78-79).

슈미트는 16세기부터 20세부터 초반까지 유지되어 온 유럽 국제법을 '최초의 대지의 노모스'로 규정한다. 이것을 지리상 발견 이전의 국제법과 비교해 보면 '대지의 노모스'라는 말이 갖는 의미가 확연히 드러난다. 대지에 대한 지리상 발견 이전의 토지 분할로부터 생겨난 공통의 법은 포괄적이며 연관되어 있는 체제로 발전할 수 없었다. 왜냐하면 그러한 법은 포괄적인 공간질서를 알지 못했기 때문이다.

"수천 년 동안 인류는 대지 전체에 대해 신화적인 표상을 갖고 있기는 했으나 아무런 과학적 경험은 가지지 못했다. 인간의 측량과 장소확정에 의해 파악되며 모든 인간과 민족에 공통되는 지구라는 행성에 대한 관념은 전혀 없었다. 이러한 의미에서의 어떠한 전 세계적인 의식도 결여해 있었으며, 공통의 운명을 지향하는 정치적 목표 역시 결여했다. 그 결과, 대지 전체와 인류를 포괄하는 의미에서의 국제법은 가능하지 않았다"(2006:50).

지리상의 발견 이전, 제국들 사이의 국제법 또한 전쟁과 평화에 관하여 나름 의미 있는 법적 구조를 지니고 있었지만 대지 전체를 포괄하는 관념이 결핍되어 있다는 점은 극복할 수 없었다. 그러한 국제법은, 그것이 사절권, 동맹 및 평화조약과 관련한 법, 이방인과 망명자를 위한 법 등을 통해 나름 확고한 형태로 성립하고 관습적으로 수용됐음에도 여전히 미발달인 채로 남아 있었다.

"제국들 간의 관계를 규율하는 국제법은 전쟁에 대한 확고한 제한, 다시 말해서 다른 제국을 정당한 적justus hostis으로 승인하는 것으로까지 쉽사리 전환할 수 없었기 때문이다. 근대 이전 제국들 사이의 전쟁은 파괴전으로 수행됐다. 대지 포괄적인 공동의 공간질서라는 사고를 결여했기 때문이다. 제국들 사이의 공존이라든지 공동의 공간에 속한 독립적인 광역 정치조직들 사이의 공존을 다룬 중세의 국제법은 질서를 형성하는 어떤 힘도 갖지 못했다"(2006:55).

제2장

—

신세계의 육지 취득과 경계선 사고

1. 국제법 창설 과정으로서의 육지 취득

대지의 노모스로서 전 지구적인 국제법을 등장시킨 역사적 계기는 유럽 국가들에 의한 신대륙의 육지 취득이었다. 이것이 유럽 공법 중심의 대지의 노모스를 세계 전체로 확산하고 이를 지구적 형태의 국제법으로 정초하는 중대한 계기로 작용했다. 근대적 의미에서 유럽 공법의 국제법은 16세기와 17세기의 대규모 육지 취득에 근거했다.

모든 침략이나 모든 일시적 점령이 새로운 공간질서를 형성하는 육지 취득 행위는 아니다. 세계사에 있어 스스로가 아주 빠르게 해체되어 버리는 폭력 행위는 충분히 존재해 왔다. 특정 육지를 취득한다고 해서 그것이 곧 노모스의 성립으로 귀결하는 것은 아니지만, 대지의 노모스, 즉 국제법의 성립은 언제나 토지와 관련된 하나의 장소확정과 질서 수립을 포함해야 한다.

여기에 바다 영역이 추가되면, 육지와 바다의 관계가 국제법적 공간질서를 규정한다. 이에 더해서 제3의 차원으로서의 공중에 대해 지배가 더해지면 또 다시 새로운 공간질서가 등장한다. 그럼에도 불구하고, 그러한 경우에도 국제법의 기초로서 노모스라는 용어에 유의하는 한, 전 세계적 차원의 대지 위에서 수행되는 육지 취득은 여전히 근본적 의미를 지닌다 (2006:80)

슈미트는 육지 취득을 국제법의 출발점으로 삼는 것은 오늘날에도 여전히 유의미하다고 말한다. 그에 따르면, 법사학法史學적 관점에서 두 가지 서로 다른 종류의 육지 취득이 존재한다. 하나는 기존의 국제법적 전체 질서 내부에서 발생하며 그것을 위해 즉각적으로 다른 민족의 승인을 얻는 형식의 육지 취득이다. 이 경우, 기존 공간질서가 유지된다는 사실이 중요하다. 다른 하나는 기존 공간질서를 파괴하고 이웃 국가와 민족을 포괄하는 공간 영역 전체에 새로운 노모스를 확립하는 형태로 진행되는 육지 취득이다.

"모든 영토 변경은 육지 취득과 결부되어 있다. 그렇다고 해서 모든 육지 취득, 모든 경계선의 변동, 그리고 식민지의 모든 새로운 취득이 국제법적으로 혁신적이며 새로운 노모스를 창설하는 과정은 아니다. 특히 중요한 것은 주인이 없는 무주無主의 토지라고 하는 활동공간이 존재하는지, 그리고 무주가 아닌 토지의 획득을 위한 승인된 형식이 존재하는지의 여부다. 세계사에 있어서 많은 정복과 항복, 점령, 병합, 양도와 승계는 기존 국제법적 공간질서와 접합되거나, 아니면 그들의 공간을 분열시키고, 그것들이 일시적인 폭력 행위에 지나지 않는 경우가 아닐 때에는, 하나의 새로운 국제법적 공간질서를 창설하는 경향을 가지고 있다"(2006:82).

슈미트에 따르면, 육지 취득이 지닌 국제법적 의미를 살

퍼봄으로써 이제까지의 유럽 국제법의 역사상의 기초적인 사건, 곧 신세계에 있어서의 육지 취득을 법사학적, 법철학적으로 파악할 수 있는 가능성이 생겨난다. 최초의 대지의 노모스인 유럽 공법의 국제법에서 신세계의 육지 취득은 대단히 중요한 구성 부분을 차지한다.

"콜럼버스와 코페르니쿠스가 그랬던 것처럼 역사적 힘들이 새로운 자극을 야기할 때마다 새로운 에너지와 파동은 인간 의식의 시야에 새로운 땅과 새로운 바다를 가져오고, 역사적 실존공간들은 그에 상응하는 변화를 겪는단다. 그런 이유로 새로운 척도가, 정치적·역사적 행위의 새로운 차원이, 새로운 학문과 새로운 질서가 동시에 나타나지. 즉 새로 탄생한, 아니 재탄생한 민족의 새로운 삶이 생겨나는 것이란다. 이러한 전환은 너무도 엄청나고 갑작스러워서 인간의 관점과 척도, 준거뿐 아니라 공간 개념의 내용 자체를 변화시키기도 하지. 이런 맥락에서 우리는 공간혁명을 말할 수 있는 거야. 실제로 모든 중요한 역사적 변화는 대개의 경우 새로운 공간인식을 의미해. 정치, 경제, 문화의 지구적 변형의 진정한 핵심은 그 안에 놓여 있어"(Schmitt, 2016:272).

2. 국제법의 토대로서의 경계선 사고

대양 항해시대의 개막과 신대륙 발견으로 대규모의 육지 취득의 가능성이 열리자마자 이를 새로운 국제법의 형태로 정돈할 필요성이 제기됐다. 다시 말해서, 신대륙 발견으로 대지의 형상이 실제의 지구地球로 나타나자마자 구형으로 된 대지 전체의 국제법적 공간질서의 창설이라는, 이전에는 상상할 수 없었던 하나의 완전한 새로운 문제가 제기됐다.

"새로운 전 세계적 공간상은 하나의 새로운 전 세계적 공간 질서를 요구했다. 그것은 거대한 범선으로 대륙을 항해하는 것과 15-16세기의 대규모의 발견과 더불어 시작된 상황이었다. 동시에 그와 더불어 20세기에 와서야 비로소 끝나게 될, 새로운 시대의 유럽 국제법의 시대가 시작된 것이다"(2006:86).

신대륙이 발견되자마자 신세계의 육지 취득과 해양 취득

을 둘러싸고 투쟁이 벌어졌다. 대지를 분할하고 분배하는 것은 점점 더 대규모적으로 동일한 대지 위에 이웃해서 공존하고 있는 인간들과 정치세력 간의 공통된 일이 된다. 그로부터 대지 전체를 분할하고 분배하기 위한 전 지구 차원의 경계선이 그어지게 된다. 그 경계선은 전체로서의 대지에 대하여 전 세계적인 공간질서의 규준과 구획을 설치하기 위한 최초의 시도이다.

슈미트에 따르면, 여기서 본질적이며 그 이후의 여러 세기 동안 결정적인 중요성을 가졌던 사실은 신세계가 새로운 적이 아닌 무주無主의 공간空間, 다시 말해, 유럽의 선점과 확장을 위한 자유로운 활동무대로 등장했다는 점이다. 이 사실을 3백 년이라는 오랜 기간 동안 대지의 중심으로서 그리고 구대륙으로서의 지위에 있었던 유럽이 확고히 입증했다. 하지만 동시에 그것은 또한 세계의 중심과 시대에 관해 오랫동안 유지해 왔던 기존 관념들을 파괴하는 것이기도 했다. 그것은 신세계를 향한 유럽 내부 투쟁을 촉발시켰고, 결과적으로 새로운 분할과 함께 지구의 새로운 공간질서를 창출했다(2006:87).

신대륙의 발견으로 시작된 전 지구적 경계선의 출현과 이에 입각하여 생겨난 경계선 사고思考는 고유의 발전 과정과 역사를 가지고 있다. 그러한 사고의 다양한 발현형식 가운데 주요 사례를 국제법적 공간질서라는 관점에서 논의할 필요가 있다. 경계선 사고는 1492년의 아메리카 대륙의 발견으로부터 2차 세계대전이 끝나 갈 무렵인 1945년 3월 발표된 미주지역 선언[3]에 이르기까지의 서로 관련되고 통일적인 하나의 계열을 형성했다.

여기서 중요한 것은 일련의 지구적 경계선 사이의 명확한 관련에 관하여, 경계선들과 전 세계적 경계선 사고의 여러 단계가 상호 간에 상이한 공간질서 속에서 움직이고 있다는 사실이다. 이러한 이유에서 슈미트는 각각의 경계선은 전적으로 상이한 국제법적 의미를 가지고 있다는 사실을 반드시 고

3　이 선언의 공식명칭은 '상호원조와 미주의 연대(Reciprocal Assistance and American Solidarity)'이다. 1945년 3월, 멕시코시티에서 개최된 '전쟁과 평화의 제문제에 관한 미주회의'에서 미국과 중남미 국가들은 '차풀테펙협정'으로 불리는 공동 선언을 채택했다. 멕시코시티 회의는 유엔 창설을 목전에 두고 서반구 국가들의 전시협력과 단결을 강화·재편성하기 위해 개최된 특별미주회의로 전시의 미주 국가 간 협력 체제를 발전시켜 아메리카 대륙의 연대에 기초한 전후 미주에서 평화를 유지하기 위한 집단안보체제의 설립을 결의했다.

려해야 한다고 주장하고 있는 것이다.

"지구적 경계선이라는 개념은 학문적·이론적으로도 실제
적·정치적으로도 동일한 국제법적 전제와 관념 위에 무차별
적으로 근거하고 있는 것은 아니다. 그러한 차이는 자오선이
라고 하는 지리학적 구획과 경계선의 설정과 같은 어떠한 것
에만 해당하는 것이 아니라, 전제되어 있는 정치적 공간관념
의 내용에, 그리고 그와 더불어 경계선 관념과 그 속에 내포되
어 있는 공간질서 자체의 사고思考상의 구조에도 역시 해당된
다. 따라서 여기서의 과제는 무엇보다 지구적 경계선의 상이
한 양식을 올바르게 구별하며, 그 역사적 특징을 가지고 경계
선의 개별 유형을 이끌어 내는 것에 있다"(2006:90).

이와 같은 이론적 전제하에 슈미트는 세 종류의 지구적 경
계선의 출현에 주목한다. 첫 번째는 스페인과 포르투갈 사이
에 전 지구를 대상으로 기독교 선교지역을 획정한 라야Rayas이
다. 두 번째는 가톨릭 국가와 프로테스탄트 국가의 세력권을
획정한 우호선友好線, Amity Lines이다. 세 번째는 미국 등 신대륙에

서 제기한 서반구^{Western Hemisphere}라는 경계선이다.

1) 라야^{Rayas}

라야는 포르투갈어로 선^{線, line}을 나타낸다. 이를 지구적으로 확대하면 국가 간의 세력 경계선을 의미한다. 지구적 경계선의 출현은 '경계선 사고'라는 특정한 사고방식을 낳았다. 이러한 사고방식은 인간의 공간의식의 발전사에서 특정한 시기를 나타내며 "신대륙" 발견과 더불어 "근대"의 시작과 함께 곧바로 등장했다. 역사적으로나 정치적으로 의미 있는 최초의 경계선은 1494년 6월 7일에 그어진 스페인과 포르투갈 사이의 '토르데시야스 조약(스페인어: Tratado de Tordesillas, 포르투갈어: Tratado de Tordesilhas)'에 의거한 경계선이었다.

이 경계선은 대략 대서양의 중간인 카보베르데 서쪽 370마일쯤에 그어졌다. 여기서 두 가톨릭 세력은 새로이 발견되는 영역으로서 그 경계선 서쪽 지역은 모두 스페인에, 동쪽에서 발견되는 지역은 모두 포르투갈에 속한다는 점에 합의했다. 사람들은 그 경계선을 '대양의 분할선'이라고 불렀으며 교황 율리우스 2세는 이를 재가했다. 지구의 나머지 반쪽에는 몰

루카 라인이 생겨났다. 사라고사 조약(1526)에서는 태평양을 관통하는 경계선이 그어졌다. 그것은 동경東經 135도에 가까운 것으로 동시베리아와 일본을 거쳐 호주 중부 지역을 관통했다.

스페인과 포르투갈 사이의 지구적 분할 경계선인 '라야'를 통해 확인할 수 있는 점은 동일한 정신적 권위와 동일한 국제법을 승인하고 있는 두 사람의 군주가 신앙이 다른 군주들과 인민들의 육지를 획득하는 것에 관해 의견 일치를 보았다는 사실이다. 그 자체로 경계선 확정을 가져오는 하나의 계약적 합의인 경우에도, 스페인과 포르투갈의 군주는 비기독교 군주와 인민의 토지를 기독교도의 토지와 구별 짓는 국제법적 최종판관으로서, 기독교라는 공통의 질서와 권위를 가진 공통의 중재자로서의 교황의 권위가 작용하고 있음을 인정했다. 슈미트는 최초의 지구적 경계선이 그어지는 과정과 의미에 대해 다음과 같이 정리한다.

"두 가톨릭 권력인 포르투갈과 스페인이 외부로부터 도전받지 않는 한, 로마 교황은 새롭게 취득된 땅에 법적 소유권을 발부하는 정리자Ordner이자 전승국들 사이의 중재자가 될 수 있었어. 1493년, 그러니까 아메리카가 발견되고 채 1년도 되지 않았을 때 스페인인들은 당시 교황이었던 알렉산데르 6세로 하여금 칙령을 내리게 했지. 그 칙령을 통해 교황은 사도師徒, apostolische로서의 종교적 권위와 힘으로, 새로 발견된 서인도제도를 교회의 세속적 봉토로 규정하고, 이를 카스티야와 레온의 왕, 그리고 그 후계자들에게 하사했어. 그 칙령에는 아조레스 제도와 카보베르데로부터 서쪽 100마일에 대서양을 관통하는 선이 규정되어 있었지. 이 선 서쪽에서 발견되는 모든 육지는 교황의 봉토로 스페인이 받도록 되어 있었어. 몇년 후 토르데시야스에서 스페인과 포르투갈은 그 선 동쪽에서 발견되는 모든 육지는 포르투갈이 갖는다는 조약을 맺었지. 당시 콜럼버스가 발견했던 것은 기껏해야 몇 개의 섬과 해안에 불과했는데도, 이러한 방식으로 새로운 세계 전체의 방대한 분배가 시작됐던 거야. 이 시기에는 누구도 지구에 대한 정확한 형상을 갖고 있지 못했건만, 그런데도 그 광대한 넓이의 지구를 재분배하는 데 어떤 장애물도 없었어. 1493년에 교황이 마련한 경계선이 새로운 근본 질서, 새로운 세계의 노모스를 향한 싸움의 시작이 된 셈이지"(Schmitt, 2016:95-97).

로마 교황은 육지의 소유가 아니라 오직 선교 영역만을 분배했지만, 그것은 또한 바로 기독교 군주와 인민의 세력 영역과 비기독교 군주와 원주민 영역을 구별하는 공간질서의 표현이기도 했다. 실제로도 선교 지역은 항해 지역과 통상 지역과 분리될 수 없었다. 따라서 라야는 기독교 군주와 그 인민은 교황에게서 선교 위임을 받을 수 있는 권리를 보유했으며, 이를 근거로 비기독교 영역을 선교하고 선교 과정이 더 진행됨에 따라 비기독교 영역을 선점하고 병합할 수 있다는 사실을 전제했다.

그러나 라야가 기독교 영역과 비기독교 영역 전체를 구분 짓는 실효적인 지구적 경계선은 아니었다. 동일한 공간질서의 틀 속에 남아 있는, 육지를 취득하는 두 사람의 기독교 군주 사이의 내부 경계설정이었을 따름이다. 라야는 육지 취득에 대한 국제법적 합의에 근거했을 뿐이며, 그 경우 해양 취득과 육지 취득 사이에는 어떠한 구별도 존재하지 않았다.

라야를 통해 유럽은 여전히 중세의 기독교 공동체의 공간질서 속에 머물러 있었다. 육지와 바다를 취득하는 기독교 군주와 인민들은 기독교 신앙 속에 하나의 공통된 기초를 지녔으며 교회의 공통 수장으로서 로마 교황이라는 공통된 권위를 간직했다. 이런 방식으로 스페인과 포르투갈은 육지 취득에 관한 분할 조약과 분배 조약에서 동등한 자격을 가진 당사자로서 서로를 승인했다(2006:92).

2) 우호선友好線, Amity Lines

최초의 지구적 경계선인 라야가 교황의 승인하에서 해양과 대륙을 구분하지 않은 채 스페인과 포르투갈 두 기독교 군주의 합의에 근거해 성립된 경계선이라면, 우호선은 대륙과 해양 취득을 구분하며 그어진 경계선이다. 특히, 우호선은 16-17세기 프랑스를 필두로 한 영토적 주권국가의 성립과 더불어 해양세력으로서의 영국의 출현과 깊이 관련되어 있다. 같은 이유에서 우호선의 출현은 이후 전개될 300년간 유럽 중심의 국제법 시대의 개막을 알렸다.

우호선은 스페인과 프랑스 사이에 체결된 카토 캉브레지 조약(1559)에서 처음 등장했다. 우호선의 역사적 유형은 신세계에 대한 유럽의 육지 취득과 해양 취득에도 동일하게 영향을 미쳤다. 우호선은 라야와는 전적으로 다른 전제들에 입각해 있었다. 슈미트에 따르면, 17세기 유럽 국제법의 중요한 구성 요소인 우호선은 육지를 취득하기 위한 가톨릭 해양세력과 프로테스탄트 해양세력 사이의 종교전쟁 시대의 산물이었다(2006:92).

"100년이 넘도록 스페인과 포르투갈은 프랑스, 네덜란드, 영국이 제기하는 주장을 반박하기 위해 교황의 수여를 명분으로 내세웠지. 1500년 페드로 알바레스 카브랄이 발견한 브라질은 어떤 이견도 없이 포르투갈의 영토가 되었는데, 브라질의 튀어나온 부분인 아메리카 서쪽 해안이 후에 분할선 서쪽으로 이동한 결과 그 동쪽은 포르투갈 영토에 해당됐기 때문이야. 하지만 땅을 정복하려는 다른 권력들은 스페인과 포르투갈이 맺은 협정에 구속받지 않았으며, 게다가 이 두 가톨릭 권력의 땅 취득 독점을 존중해 주기에는 교황의 권위가 충분하지 않다고 여겼지. 종교개혁의 시작과 함께 프로테스탄트로 개종한 나라들은 공개적으로 로마 교황의 권위에 이의를 제기했어. 그로부터 새로운 땅의 소유권을 둘러싼 투쟁은 종교개혁과 반종교개혁, 스페인의 세계 가톨릭보편주의와 위그노, 네덜란드, 영국인들의 프로테스탄티즘의 전쟁이 되었지.

기독교 정복자들은 자신들을 진짜로 위협하는 공통의 적과 마주하지 않았기에, 새로 발견한 땅의 원주민들에 대해 공동의 전선을 형성하지는 않았어. 그보다 더 냉혹하고 더 강력하게 역사적으로 영향을 미친 것은 땅을 취득하려는 기독교 나라들 사이에서 벌어진 종교전쟁, 곧 가톨릭과 프로테스탄티즘의 세계투쟁이었지. 이 명칭과 이 대립 속에서 이 세계투쟁은 종교전쟁처럼 보였고, 실제로 그렇기도 했어. 하지만 그것이 전부는 아니었어. 여기서 드러나는 원소들의 대립과, 견고한 땅의 세계와 자유로운 바다의 세계와의 단절을 동시에 주목해야만 비로소 이 투쟁이 모든 차원에서 명확해진단다"(Schmitt, 2016:97-98).

육지를 취득하는 유럽 열강들 사이의 많은 중요한 조약 속에서 우호선은 명백히 승인됐다. 1630년 11월 15일, 영국과 스페인 사이에 맺어진 조약에서와 같이 적도 저편에서 획득된 노획물도 반환해야 한다는 조항에 합의한 경우라 할지라도, 조약과 평화, 그리고 우호는 원칙적으로 오직 유럽과 구세계가 속해 있는 경계선 이쪽에서만 효력을 발휘한다는 원칙이 유지됐다. 우호선은 남쪽으로는 적도 또는 하지선을 통과하고 서쪽으로는 대서양상에서 카나리아 군도 또는 아조레스 제도를 관통하여 그어진 경선經線을 통과하거나 남쪽 경계선과 서쪽 경계선을 합친 것을 통과했다. 우호선을 엄밀히 결정하기 위한 지도 제작법은 유럽 모든 나라에서 중대한 정치적 관심사로 등장했으며 관계 당국의 엄격한 통제를 받았다.

슈미트는 우호선이라는 경계에서 유럽은 끝나고 '신세계'가 시작됐다고 말한다. 우호선 바깥에서 유럽의 법, 특히 유럽 공법은 효력을 상실했다. 그 결과 신세계에서는 이제껏 유럽 국제법에 의해 실현됐던 전쟁의 제한도 끝났다. 육지 취득을 둘러싼 투쟁 역시 아무 제약이 없었다. 경계선 저쪽, 그러니까 서반구에서 '해외foreign' 라는 단어가 지닌 의미가 현실화되었다. 왜냐하면, '해외'에서는 전쟁에 대한 국제법적 제한은 소용이 없었으며 강자의 권리만이 통용됐기 때문이다.

우호선의 전형적 특징은, '라야'와 달리 기독교 수장으로서 교황과 같은 공동의 권위를 인정하지 않기 때문에 오직 육지 취득을 행하는 조약 체결국 당사자들 간의 투쟁공간을 경계 짓는다는 점에 존재했다. 그러한 관계의 당사자들, 곧 새롭게 등장한 유럽 주권국가들이 합의하고 있는 유일한 점은 경계선 저쪽에서 시작되는 새로운 공간에서의 자유라는 것이었다.

"자유는 그 경계선이 자유롭고 무자비한 폭력 행사의 영역을 경계 짓는다는 사실 속에 존재했다. 그러한 자유는 유럽의 기독교 군주와 인민만이 신세계에서의 육지 취득에 참여할 수 있으며 그러한 조약의 당사자가 될 수 있다는 것을 실로 자명한 것으로 간주했다. 하지만 그 속에 놓여 있는 기독교 군주와 국민들의 공통성은 구체적인 정통성을 부여하며 중재자적인 하나의 공통적인 법정을 포함하고 있지 않을 뿐만 아니라 강자의 권리와 결국에는 실효적인 선점의 권리 외에 어떤 다른 분배원칙도 포함하고 있지 않았다. 그러한 사실로부터 '경계선 저쪽'에서 발생하는 모든 것은 법적, 도덕적, 정치적 가치평가의 외부에 머물러 있다는 일반적인 관념이 생겨나지 않을 수 없었다. 그것은 유럽 내부의 문제점들로부터의 면책免責을 의미하며, 유명한 동시에 악명 높은 '경계선 저편beyond the line'이라는 말이 내포한 국제법적 의미도 이러한 면책 속에 존재했다"(2006:93-94).

16-17세기의 우호선은 그 속에서 유럽 인민의 활동이 무제약적으로 범람하게 되는 두 가지 종류의 '자유' 공간을 인식하도록 만든다. 그중 첫째는 자유로운 육지라는 광대한 공간, 신세계 아메리카, 자유의 땅, 다시 말해서 '옛날의' 법이 적용되지 않는 유럽인들의 자유로운 육지 취득의 땅이다. 둘째는 자유로운 바다, 곧 프랑스인, 네덜란드인, 영국인이 자유로운 공간으로 파악한 새롭게 발견한 대양이다.

해양의 자유는 곧바로 가장 중요한 국제법적 공간질서의 문제로 대두됐다. 왜냐하면, 자유로운 경쟁과 자유로운 착취를 위한 자유로운 활동공간이라는 사상과 더불어 자유로운 바다, 자유무역, 그리고 자유로운 세계경제라는 관념도 '해양의 자유'와 같은 공간 개념과의 역사적이고 구조적인 관계 속에서 작용할 수밖에 없었기 때문이다. 요컨대, 당시 존재했던 유럽 국제법의 구조는 이러한 두 가지 새로운 공간의 결합, 즉 유럽의 육지에서의 이제까지의 질서에 의해 구속되지 않고 그러한 의미에서 '자유로운' 신대륙과 대양 공간의 결합에 근거했다고 할 수 있다.

16-17세기의 우호선의 국제법적 의미는 대규모의 자유 공간들이 신세계의 분배를 둘러싼 투쟁 지역으로 경계 설정되었다는 사실 속에 존재했다. 자유로운 투쟁 지역의 경계를 설정함에 따라 유럽 공법이 작용하는 경계선 안쪽은 평화와 질서의 구역으로서 승인됐고, 경계선 바깥쪽에서의 과정으로 인해 유럽이 직접적인 위험을 겪지 않았다는 사실이 우호선의 실제적인 정당화 사유로 제기되었다. 결과적으로 "유럽 외부의 우호선의 형태로 투쟁 지역의 경계를 설정하는 것은 유럽 내 전쟁에 대해 한계를 설정하는 데 공헌했으며, 이러한 사실이 그것의 국제적 의무이며 그것의 정당화 사유였다"(2006:97-98).

3) 서반구 Western Hemisphere

세 번째 경계선은 서반구라는 지구적 경계선이다. 슈미트는 이 경계선을 신세계가 구세계에 대해 최초로 국제법적으로 반격한 것이라고 주장한다. 하지만 서반구라는 경계선 역시 그 기원에서는 여전히 그에 앞선 경계선들과 역사적 관련성을 가지고 있었다. 포르투갈과 스페인 사이의 분할 경계선인 라야와 유럽 주권국가들 사이의 우호선은 신세계에서의 육지 취득과 해양 취득의 구성 요소였다. 그 경계선들은 본질적으로 육지를 취득하는 유럽 열강들 사이의 관계를 질서 짓는 공간 분할이었다.

포르투갈 단어인 라야는 배분적 의미를 지녔다. 라야의 대명사격인 1494년의 토르데실라스 조약 역시 '바다의 분할선'이라는 이름을 스스로에게 부여했다. 이에 반해 유럽 국가들, 특히 영국의 우호선은 상호투쟁의 성격을 가지고 있었다. 그것은 "인간은 인간에 대해 늑대"라는 홉스의 자연상태를 우호선 저쪽에 대입한 결과였다. 무자비한 투쟁의 영역을 경계 짓는 것은 육지 취득을 행하는 열강들 사이에서는 승인된 분할의 원리도, 또 교황처럼 공통의 중재자적인 분할의 법정이나 분배의 법정도 결여해 있다는 사실의 자명한 결과였다.

유럽 열강 사이에 정신적 공통성의 잔재가 남아 있는 한에서 '발견'과 '선점'이라는 개념 또한 실현될 수 있었다. 실효적 점유, 곧 국가적으로 고정화된 식민지와 같은 형태의 '점유의 현상유지'는 19세기 들어서야 비로소 유일한 영토 획득의 권원이 되었다. 그전까지 로마 민법에서는 분해되어 언급되던 '발견'과 '선점'이라고 하는 개념이 무주의 토지에 대한 유일한 법적 권리 원천이었다.

"이것은 두 가지 결과를 낳았다. 첫째, 육지 취득이 경쟁자들로부터 실제적이며 지속적인 것으로 수용되거나 어떤 형태로든 승인되기 이전에는 필요한 경우 오랜 기간 동안 투쟁해야 한다는 것이다. 둘째, 전쟁은 법적으로는 그 결과에 의해 평가된다는 것, 즉 전쟁은 그 당시마다의 소유상태의 현상을 변경하기 위한 승인된 수단으로 된다는 것이다. 전 세계적인 경계선을 배경으로 하여 합리화, 인도화, 합법화가, 다시 말해서 전쟁에 대한 한계설정이 성취된다. 우리가 앞으로 더 살펴볼 것처럼 그러한 일은 전쟁을 국가와 국가 사이의 군사적 관계로 한정함으로써 적어도 유럽 내부적인 국제법상의 대륙적인 육전을 통해 실행에 옮겨졌다"(2006:100).

유럽 내부에서 국가와 관계된 새로운 방식의 공간질서가 완전히 수립된 후에야 비로소 세 번째 경계선인 '서반구'가 등장했다. 이 경계선으로써 신세계는 유럽의, 그리고 유럽 중심적인 국제법의 전통적인 공간질서에 대하여 독자적으로 대항했다. 서반구라는 경계선 사고를 통해 신세계는 유럽 중심의 공간질서 자체를 문제 삼았다.

슈미트에 따르면 서반구라는 전 세계적인 경계선의 실질적 영향력은 먼로 독트린이 발표된 19세기 이후에 비로소 시작되며, 20세기에 공개적이고도 저항이 없는 상태로 전개됐다. 그러므로 순서상으로 먼저 국가들 사이의 관계를 다루는 유럽 국제법의 공간질서의 완성과 그 작용에 의한 전쟁의 제한의 완성을 설명하는 것이 필요하다. 그렇게 함으로써 여러 가지 전쟁 개념의 대립 속에서, 서반구라는 경계선의 국제법적·국제정치적 영향력을 비로소 인식할 수 있다. 왜냐하면, 서반구라는 경계선은 유럽세계의 공간질서를 완전히 변형시

컸기 때문이다. 미국의 세계대전 참전을 통해서 세계사 속에 하나의 새로운 전쟁 개념을 도입하는 것이 서반구라는 경계선 사고를 통해 작용할 수 있었다(2006:100).

3. 신세계 육지 취득에 대한 정당화: '발견'과 '점유'

1) 국제법의 새로운 담지자로서의 주권국가의 등장

이 책의 제목에서 유추할 수 있듯이 칼 슈미트가 고려하는 대지의 노모스, 곧 국제법의 근거는 공법적 사고에 기초해 있다. 다시 말해서, 국제법은 구체적인 공간질서에 기초해야 하며, 이러한 공간질서를 획정할 수 있는 주체는 개인이나 사회가 아닌 공권력을 행사하며 실질적인 통치능력을 지닌 정치적 통일체만이 가능하다. 따라서 국가들의 권리 행사 능력을 제한하며 규율할 수 있는 만민법으로서의 국제법은 사법私法 혹은 민법이 아닌 공법公法에 근거해야 한다. 슈미트는 공법과 사법을 엄격히 구분하는 가운데, 로마법을 이어받아 자연법이나 민법적 사고로부터 국제법을 도출한 17세기의 대표적 국제법 이론가인 그로티우스와 푸펜도르프를 일관되게 비판한다.

슈미트에 따르면, 16세기 이래로 유럽의 국제법은 본질적으로 유럽 주권국가들 간의 법이었다. 이러한 유럽적 핵심이 그 밖의 대지의 노모스를 규정했다. 그 경우 '국가성'이란 용어는 모든 시간과 민족들에 대해 적용할 수 있는 보편적 개념이 결코 아니며, 시대에 구속되어 있고 구체적이며 역사적인 현상이다. 사람들이 하나의 특별한 의미에서 '국가'라고 부를 수 있는 것이 지닌 비교 불가능하며 독자적인 역사적 특수성은 이러한 정치적 통일체가 세속화의 수단이라는 점에 존재한다. 따라서 이 시대에 있어서의 국제법적인 개념 형성은 오직 하나의 유일한 축이라 할 수 있는 '영토적 주권국가'만을 알고 있을 뿐이다(2006:127).

'영토적 주권국가'는 보편 유럽이라는 종교 제국과 그에 의거한 중세시대의 제정帝政을 제거했다. 그것은 교황이 지니는 국제법상의 정신적 권력 또한 제거했으며 기독교 교회를 자신의 정치적 목적을 실현하기 위한 일련의 기관으로 전환시키려 했다. 이 경우 프랑스야말로 선구적인 영토 국가이며 법률적인 의식을 가진 최초의 근대적 주권국가에 해당한다. 프랑스는 16세기 말에 주권을 보유한 국가 최고수장으로서의 국왕이라는 관념을 통해 종교 당파들 사이의 내전을 이미 극복했다.

슈미트는 모든 것을 지배하고 포괄하는 '주권국가'라는 정치 개념을 국제법의 역사라고 하는 구체적인 역사 특수성 안에서 명확히 인식하는 것이 필요하다고 말한다. 왜냐하면 국가란 중세 기독교 공동체의 공간질서를 전복하고 전적으로 새로운 공간질서를 통해 만들어졌기 때문이다. 유럽에서 새로운 공간질서는 주권국가에 의해 창조된다. 국가의 역사적 특수성, 그 본래적이고 역사적인 승인은 유럽의 모든 생활을 세속화하는 것, 다시 말해 세 가지 일의 실천 속에 존재했다.

"첫째로 국가는 봉건적·지방적·신분적·교회적 권리를 영역 지배자의 중앙집권화된 입법·행정·사법하에 둠으로써 그 내부에서 명확한 관할권을 창설한다. 둘째로 국가는 중앙집권화되고 정치적인 통일로써 유럽에서 벌어졌던 교회와 종교 당파들 사이의 내전을 극복하고 신앙들 사이에 벌어지는 국가 내부적인 분쟁을 중립화한다. 영토를 지배하는 자가 종교를 지배한다는 독일의 공식은, 조잡하고 원시적인 방식이기는 하지만 아주 명확하게, 그리고 핵심을 찔러서 종교적인 신앙과 영토적으로 폐쇄된 공간질서 사이의 새로운 관계를 표현하고 있다. 셋째로 결국 국가는 국가에 의해 실현된 내정상의 통일을 기초로 하여, 다른 정치적 통일체에 대하여 그 자체로 폐쇄되어 있는 영역, 즉 외부에 대해서는 확정된 경계를 가지며, 동일하게 조직화된 영역질서와 하나의 특별한 종류의 외부적 관계를 맺을 수 있는 독립적 영토를 형성한다"(2006:128-129).

일련의 역사적 과정을 통해 공간적으로는 자체가 폐쇄되어 있으며, 신분적 교회적 신앙적인 내전의 문제로부터 해방되어 있는 침투할 수 없는 영역질서인 '국가'가 발생했다. 국가는 새로운 국제법 질서의 담지자가 됐고, 그 결과 새로운 국제법 질서의 공간 구조는 국가와 관계되며 오직 국가가 결정할 수 있을 뿐이다. 이러한 공간질서의 특징은 그 국제법이 특별한 의미에 있어 국가 사이의 것으로, 국제적으로 된다는 점에 존재한다. 따라서 다음과 같이 결론 내릴 수 있다.

"국제법상의 구체적 질서와 전쟁의 제한은 도덕·신학적인 교리의 확장과 로마법적 개념과 규범의 활용에서뿐만 아니라 보다 중요하게는 당시 유럽에서 형성되고 있던 국가들 사이의 구체적인 공간질서에서, 그리고 이러한 국가들의 유럽적인 세력균형이라는 관념으로부터 생겨났다"(2006:126).

신세계의 육지 취득과 무주로 남아 있는 유럽 밖의 토지를 둘러싼 투쟁은 이제 이러한 특별한 의미에서 국가인 그러한 유럽의 권력 구성체들 사이의 투쟁으로 전환됐다. 같은 이유에서 영토적 주권국가가 될 능력을 갖추지 못한 정치세력은 도태한다. 슈미트는 최초의 거대한 육지 취득자인 스페인 왕국이 어떻게 이러한 역사적 전환기의 개막을 알렸는가를 보는 일은 대단히 인상 깊다고 말한다. 스페인은 대규모의 육지 취득과 관련하여 중세적 형태의 정당성을 부여한 교회의 법적 권한에 구속되어 있었지만, 이와 동시에 교회로부터 이탈하여 세속 국가로의 발전에 박차를 가했기 때문이다 (2006:130).

2) 신세계 육지 취득의 권리 원천으로서의 발견과 점유의 구별

이 부분은 1492년 콜럼버스의 신대륙 발견 이후 진행된 유럽의 거대한 신세계 육지 취득을 국제법적으로 어떻게 정당화할 수 있느냐와 관련한 논의이다. 사실 이 부분은 법학적 사고에 익숙하지 않는 사람들은 대단히 낯설게 느껴지는 측면이 있다. 필자 역시 정치학 전공자인 터라 이 부분을 제대로 이해하기 위해 반복해서 읽었다.

칼 슈미트가 명시적으로 밝히고 있지 않지만 이 논의 이면에는 더 큰 그림이 숨겨져 있는 것으로 보인다. 다시 말해서 유럽 국가들이 대규모의 신세계 육지 취득의 국제법적 정당화의 근거로서 발견이라는 공동의 권리 원천을 계속 사용했더라면 역사는 지금과는 전혀 다른 방향으로 전개되었을 것이라는 주장을 함축하고 있다. 그럴 경우, 극단적으로 표현하면 미국이라는 광역국가도 출현하기 어려웠을 뿐 아니라 훗날 서반구라는 경계선을 통해 신대륙이 유럽에 저항하는 사태도 발생하지 않았을 것이었기 때문이다.

슈미트의 주관적 소망과 달리 역사는 전혀 다른 방향으로 전개됐다. 유럽 국가들은 공동의 권리 원천인 발견을 육지 취득의 국제법적 근거로 사용하기보다는 '점유occupation'라고 하는 개별 국가적 권리 원천에 의존했다. 국제법을 다루는 법학자들은 신세계 육지 취득에 대한 법적인 권리 원천이라는 거대한 이슈를 더 이상 유럽 전체의 사안으로 취급하여 답하지 않고 오직 유럽의 육지 취득자들 사이의 개별적 분쟁에 주목했다고 슈미트는 주장한다.

"이러한 방식으로만 유럽이 아닌 토지에 대한 육지 취득을 둘러싼 유럽 내부의 투쟁에 대한 그들의 관심으로부터만, 그들이 '점유'라고 하는 로마법적이며 민사적 개념을 진정한 법적 권원으로 사용하며 실제적인 유럽의 법적 권원인 '발견'을 완전히 오해하고 있다는 사실이 명확해진다"(2006:130).

점유라고 하는 법적 권리 원천은, 그것이 전제하고 있는 바와 같이, 유럽의 군주들과 인민들의 유럽의 토지가 '해외의' 다른 토지로부터 국제법적으로 구별되는 한에서 당시의 실제와 일치한다. 여기서 항상 주의해야 할 사실은, 해외 영토를 획득하기 위한 국제법적 권리 원천으로서의 점유의 성취가, 점유를 행하는 개개의 유럽 국가로 하여금 유럽의 경쟁자들에 대하여는 독립적으로 스스로를 의지하도록 하며, 이들 유럽의 경쟁자들과는 독립적으로 원초적인 법적 권원을 제공한다는 실제적인 의미를 가지고 있을 뿐이라는 것이다. 법학적 논의가 '점유'라는 법적 권원에 집중됐던 것과 비례하여 유럽의 법의식은 신대륙의 육지 취득이라는 문제 전체가 유럽에 공통되는 기원을 가지고 있다는 사실을 망각했다. 그렇게 됨으로써 "유럽 열강의 비유럽 영토에 대한 공동의 육지 취득이라는 핵심 문제는 완전히 잊혔다"(2006:131).

슈미트에 따르면, 점유라는 획득 권원은 육지를 취득하는 유럽 열강들 상호 간의 관계에만 관련될 뿐이었다. 16세기의 국제법적인 핵심 문제는 발견과 관련한 것으로서 특히, 비기독교적인 비유럽 인민들과 군주들의 육지가 '무주의 것'인지의 여부, 비유럽 인민들은 그들이 더 높은 단계에 있는 인민들에 의한 조직화의 대상이 될 정도로 그렇게 저열한 조직단계에 있는지의 여부였다. 이에 반해 17-18세기의 국제법학계에서는 그것은 결코 더 이상 본질적인 문제가 아니었다. 근대적 국제법학의 실제 관심은 신세계의 육지 취득을 둘러싸고 유럽의 토지 위에서 전개된 유럽 내부적인 국가들 사이의 투쟁으로 기울었다.

선교 위임이라고 하는 교황으로부터의 수여에 의존하고 있었던 포르투갈인과 스페인인의 법적 권한은 소멸했다. 유럽의 육지 취득자 상호 간의 관계에서는 발견과 점유만이 승인된 유일한 법적 권원으로서 남게 됐지만, 그 경우 발견은 흔히 법학자들에 의해 불명확한 방식으로 점유의 한 구성 부분으로만 설정될 뿐이었다. 민법적으로 사고하는 법학자들에게 있어 이제껏 유럽 사람들에게 알려지지 않던 육지를 단순히 발견하는 일은, 직접적으로 그것을 하나의 획득의 근거로 승인할 수 있기에는 너무도 불확실한 과정으로 보였기 때문이다. 하지만 그들이 점유에 관해 얘기할 때 떠올린 것은 하나의 유체물, 즉 하나의 사과, 하나의 집 또는 하나의 부동산과 같은 사물일 뿐이었다.

"가톨릭과 연관되어 있던 16세기의 국제법 이론가들, 특히 비토리아[4]에게 있어서는 결정적인 의미를 가지고 있었던 신세계에서의 선교의 자유와 선전의 자유에 관하여 17세기에는 언급조차 되지 않았다. 반면, 푸펜도르프에 있어서는 '통상의 자유'조차 정당원인이라고 하는 공법의 관점으로 존재하는 것을 그만둔 것이다. 사람들은 그것을 언제나 더욱 자명한 것으로 되어 가는 국가적인 중상주의를 위해 자연법적으로 간단히 폐기해 버렸다"(2006:138).

슈미트는 17세기의 법학적 사고방식이 '발견'이라는 거대한 법적 권원을 제대로 발전시키지 못했다고 주장하며 유감을 표했다. 그로티우스, 푸펜도르프로 대표되는 17세기 국제

---

4 프란시스코 데 비토리아(Francisco de Vitoria, 1483-1546): 로마 가톨릭 철학자이자 신학자로 르네상스 시대, 스페인의 저명한 국제법학자. 그는 정의로운 전쟁과 국제법에 대한 개념으로 특히 유명한 살라망카 학파로 알려진 철학 전통의 창시자이다. 비토리아는 아메리카 신대륙정복과 관련한 각종 정치적·법적 문제에 관해 카를 5세(Charles I of Spain and V of the Holy Roman Empire)의 공개 자문에 응했다. 그는 스페인이 원주민에게 부과한 권력 유형을 제한하기 위해 노력했다. 그는 신대륙의 원주민들이 기독교인과 마찬가지로 공적 및 사적 문제 모두에서 의심할 여지없이 진정한 지배권을 가지고 있었고 그들의 왕자나 개인이 지상에서 그들의 재산을 약탈당할 수 없었다고 주장했다. 한마디로, 스페인이나 포르투갈은 원주민의 진정한 주인이 아니라는 것이다. 같은 이유에서 비토리아는 원주민이 본질적으로 노예로 이해될 수 있다는 것을 부정했다.

법학자들의 사고방식은 근본적으로 스콜라주의적 신학자들의 사고방식보다 더욱 비역사적이었으며 순수하게 민사법적인 물권 형태로 무기력하게 남아 있었을 뿐이다(2006:133). 이 점에서 "법학자들이 국제법의 실천으로부터 신학자들을 몰아낸 것은 불행한 일이었다"는 슈미트의 언급은 시사해 주는 바가 적지 않다.

슈미트에 따르면, 발견만이 당시 유럽의 열강들이 유럽이 아닌 토지를 대규모적으로 취득하는 것을 정당화할 수 있었다. 이제껏 알려지지 않은, 즉 기독교적인 주권자들에게 알려지지 않은 바다, 섬, 그리고 육지를 발견하는 것이, 유럽 중심적인 국제법에서 여전히 남아 있었던 유일한 진정한 법적 권원이다. 스페인어로는 'descobrimiento', 프랑스어로는 'descouverte', 영어로는 'discovery'와 같은 새로운 기술적 명칭을 가진 발견이라는 새로운 개념을 그것의 전적으로 역사적이며 정신적인 특수성 속에서 인식하는 것이 반드시 필요하다고 슈미트는 말한다.

"이제껏 발견자에게 알려지지 않은 육지를 단지 발견하는 것만으로는 국제법 또는 만민법의 어떠한 법적 권원도 구성할 수 없었다. 수백 년이 지나는 동안에, 그리고 아마도 수천년이 지나는 동안에 모험적인 해적들과 고래잡이들에 의해발견되고 또 아마도 기항지寄港地로도 된 많은 섬과 육지가 그런 사실로 인해 국제법적인 효과를 수반하여 발견된 것은 아니었다. 마찬가지로 어떤 돌을 놓거나 깃발을 올리는 것과 같은 상징적인 점유 행위 역시 '그 자체로' 하나의 법적 권원을근거 지을 수는 없다. 진정한 법적 권리 원천은 승인된 국제법질서의 틀 속에서만 획득될 수 있으며, 그런 한에서 앞서 언급한 상징들은 법적 힘을 지닌다. 따라서 발견은 결코 무시대적이고 일반적이며 규범적인 개념이 아니다. 발견이라는 개념은 특정되어 있으며 실로 정신사적인 상황에, 즉 '발견의 시대'와 결부되어 있다"(2006:131).

슈미트에 의하면, 15-16세기에 걸친 유럽 인민들에 의한신세계의 발견은 우연이 아니었다. 나아가 세계사에서 더러찾아볼 수 있는, 행운이 따른 많은 정복원정의 하나에 지나지않은 것도 아니었다. 그것은 또한 규범적 의미에서의 '정당한 전쟁^{正戰}'도 결코 아니었으며, 새롭게 깨어난 서양의 합리주의의 업적이었고, 중세 유럽에서 생겨난 정신적이며 과학적인 교양의 작품이었으며, 실로 본질적으로는 고대 유럽과 아라비아 지식을 기독교적인 유럽의 실천력에 의해 역사적 힘을 갖춘 거대한 실체로 만들어 낸 사고 체계의 도움에 의한 것이었다.

여기서 핵심은 거대하고도 유럽의 공통된 법적 권리 원천으로서의 '발견'을 유럽 내 경쟁자들에 대항하여 유럽 내부적으로 이용하기 위한 개별적 발견과 혼동해서는 안 된다는 점이다. 대부분의 법학자는 그들의 저서를 오직 유럽의 다른 국가에 속하는 법학자들에 대항하기 위해 개별적인 유럽의 정권들이 가지는 이해관계의 관점에서만 저술했기 때문에 공통의 획득 권원, 한마디로 국제법상의 획득 권원을 올바르게 인식할 수 있는 가능성을 상실했다(2006:132). 그 결과, 독특하고 새로운 국제법으로서의 유럽 공법은 주권이 작동하는 유럽의 영토 국가, 우호선 너머의 자유해, 그리고 개별 유럽 국가들이 취득하고 점유한 신세계의 육지로 구성된 지구적 공간 형식을 바탕으로 모습을 드러냈다.

제3장

—

유럽 공법의 국제법의 구성 요소

슈미트는 『대지의 노모스』 제3부에서 글의 핵심 주제라 할 수 있는 유럽 국제법에 관해 설명한다. 유럽 공법의 국제법은 4세기 가까이, '만국공법'이라는 이름으로 불리며, 하나의 전 세계적 질서로 위세를 떨쳐 왔다. 훗날 근대로 불리는 짧지 않은 기간 동안 동서양을 막론하고 세계 전체를 지배한 유럽 국제법의 핵심 구성 요인은 어떤 것이며 20세기 들어서 붕괴의 길을 걷게 된 이유를 분석할 필요가 있다.

유럽 중심의 세계 질서를 떠받쳐 온 국제법적 상황과 국제정치의 본질 역시 구체적 공간질서인 대지의 노모스 개념을 통해 설명할 수 있다. 슈미트는 국제정치를 자연상태 내지 무정부주의로 규정하는 접근법에 대해 비판적 견해를 개진한다. 왜냐하면 유럽 공법에 기반한 국제법은 특정한 공간질서를 바탕으로 한 대지의 노모스를 창출했기 때문이다. 슈미트가 언급한 유럽 공법의 국제법은 크게 4가지 구성 요소를 지닌다. 첫째, 주권을 지닌 영토 국가의 등장이다. 둘째, 주권적 영토 국가의 등장으로 인한 전쟁의 의미 변화이다. 셋째, 전쟁의 제한을 가능케 한 유럽의 세력균형이다. 넷째, 국제정치를 안정적으로 유지하고 관리할 수 있는 강대국 중심의 세계질서이다. 이러한 사항에 유의하여 슈미트가 말한 유럽 공법의 국제법에 대해 살펴보기로 하자.

1. 포괄적 공간질서

슈미트는 거대한 자유공간의 출현과 신세계의 육지 취득이 '국가 상호 간' 구조를 지닌 새로운 유럽 국제법을 가능하게 해 주었다고 말한다. 이를 통해 16세기부터 19세기 말까지 지속된 국제법상의 국가들 간의 관계에 있어 하나의 실제적인 진보라 할 수 있는 유럽의 전쟁에 대한 제한이 이뤄졌다. 이 성과는 하나의 새로운 구체적 공간질서가 생겨나게 되었다는 사실, 다시 말해 유럽 대륙의 영토적 주권국가들의 세력균형에 의해 발생한 것이기도 하다. 유럽에서의 전쟁의 제한은 유럽 대륙과 영국이라는 해양 제국 사이의 세력균형과 함께 광대한 자유공간의 존재를 그 배경으로 한다.

"유럽의 토지 위에서 영역적으로 폐쇄되어 있으며 통일적인 중앙정부와 행정, 그리고 확정된 경계를 가진 다수의 권력 구성체가 생겨났다는 사실을 통해 새로운 국제법의 적절한 담지자가 발견되었다. 영토 국가의 구체적인 공간질서를 통해 유럽의 토지는 특별한 국제법상의 지위를 부여받았으며, 그것은 그 자체에 있어 그러했을 뿐만 아니라 자유로운 해양 공간에 대해서도, 그리고 또한 모든 해외의 비유럽적 토지에 대해서도 그러했다. 그러한 일은 300년이라는 시간에 걸쳐 공통적이며 더 이상 교회적이거나 봉건적이지 않은, 오직 국가들 간의 국제법을 가능하게 했다"(2006:140).

동일한 권리를 지닌 등권적 형태의 주권국가들 사이의 상호 지배와 그에 따른 세력균형이 유럽이라는 공통의 대지 위에서 주권국가들 사이에 포괄적이며 구체적인 공간질서를 탄생시켰다. 유럽 대륙의 권력 복합체들의 공동생활에 대하여 국가 사이의 관계를 다루는 시대에 발달한 구체적이며 실제적·정치적 형식들·제도들·관념들 없이는 어떠한 국제법도 존재할 수 없는 고유할 뿐만 아니라 대단히 실효적인 구속이 발생했다. 이를 통해 유럽 국가들은 모호한 자기구속을 통해 존재하는 것이 아니라, 이들 모든 주권자를 포괄하는 유럽 중심적인 공간질서의 구속력 속에 존재하고 있다는 사실을 명확하게 이해했다.

"유럽 공법이라는 대지의 노모스의 핵심은 확고한 경계를 가진 국가 영역으로 유럽의 토지를 분할하는 데 있다. 곧 하나의 중요한 구별이 그와 결부된다. 그러한 구별이란, 승인된 유럽 국가들과 그 국가 영역의 이러한 토지는 특별하고 국제법적인 토지의 지위를 가진다는 것이다. 이 토지는 유럽의 육지 취득을 위하여 개방된 비유럽 군주들과 비유럽적 인민들의 토지인 '무주지無主地, free land'와는 명확히 구별된다. 그 밖에도 새로운, 이제까지의 국제법에 대하여는 이러한 형식으로는 전혀 알려지지 않았던 해양의 자유의 결과에 제3의 영역이 생겨난다. 그것이 바로 유럽 국가들의 세력균형이라는 생각을 담고 있는 공간 구조이다. 그러한 공간 구조는 특별한 종류의 자유를 지닌 거대한 개방공간을 배경으로 하고 있는 유럽 주권자들의 내부법을 가능하도록 한다"(2006:148).

유럽 공법이라는 대지의 공간질서를 바탕으로 주권적인 유럽의 영토 국가는 국가라는 단어를 언제나 그 역사적이고 구체적인 의미에서, 다시 말해 1492년부터 1890년 사이의 기간과 결부하여 사용하는 시대 구분에 있어서만 유일한 질서 수립적인 정치 구성체였다는 사실을 이해할 수 있다. 중세 교회에서 유래한 전쟁에 대한 국제법적 제한은 종교전쟁과 신앙상의 내전에서 붕괴됐다. 그 결과, 그동안 교회가 지녀 왔던 질서 수립의 힘은 이제는 더 이상 직접적 형태가 아닌 간접 권력의 형태로만 발휘될 수 있었다.

2. 국가 형태의 전쟁에 의한 내전의 극복:
'정당한 적'과 '정당한 전쟁' 개념

유럽 중심적 공간질서 속에서 지구상에 존재하는 비유럽적인 나머지 토지들을 무주의 것으로, 다시 말해 유럽 국가들에 의해 자유롭게 점유할 수 있는 것으로 취급하고, 내부적으로는 유럽의 토지를 유럽 국가들 사이에서 새롭게 분할함으로써 전쟁은 유럽 공법을 그들 상호 간에 형성해 내는 영토적으로 확정된 주권국가들 간의 전투가 될 수 있었다.

"유럽의 토지는 특별한 방식으로 전쟁의 무대가 된다. 그러한 무대는 그 속에서 국가적인 권위가 부여되고 군사적으로 조직화된 세력들이 모든 유럽의 주권자가 지켜보는 가운데 상호 간에 그들의 힘을 측정하는 제한된 공간이다"(2006:142).

영토 주권국가들 사이의 권력 관계, 곧 유럽 공법의 국제법이라는 공간질서의 변화를 바탕으로 국제정치의 핵심 사안 가운데 하나인 전쟁의 성격 역시 변화했다. '정당한 적'과 '정당한 전쟁' 개념이 등장한 것이다. 종교전쟁과 내전 양자와 대립하여 새로운 유럽 국제법의 순수한 국가전쟁이 등장함으로, 당파들의 대립은 중화되었고 이를 통해 극복될 수 있다.

이제 전쟁은 '형식에 있어서의 전쟁'으로 전환했다. 실로 오로지 전쟁이 영역적으로 명확하게 경계 지어진 유럽 국가들 자체의 전쟁으로 되었다는 사실을 통해 공적인 인간으로 관념된, 곧 공통된 유럽의 토지 위에서 유럽 '가족'을 형성하며 그렇게 함으로써 전쟁은 국가 상호 간에 정당한 적으로 간주할 수 있는 공간적 통일체들 사이의 대결이 되었다. 이러한 성격 변화로부터 전쟁은 결투와 유사한 것으로 전환했다.

"국가전쟁의 정당성에 관해서 언급될 수 있는 모든 것은 국가라고 하는 새로운 개념 속에 들어 있다. 공적이지 않은 전쟁은 국가적인 전쟁이 아니다. 그러한 전쟁은 정당하지 못할 뿐만 아니라 새로운 국제법의 의미에 있어 더 이상 결코 전쟁이 아니다. 그것은 가능한 다른 모든 것일 수 있다. 즉 반란, 폭동, 소요, 야만, 해적 행위일 수 있다. 하지만 그것들

은 새로운 국제법의 의미에 있어서의 전쟁은 더 이상 아니었
다"(2006:158).

국가 상호 간 시대에 있어 유럽 국제법적으로 승인된 국
가들 사이의 전쟁은 정당한 것으로 간주됐다. 이러한 전쟁은
군사적으로 조직화된 군대에 의해 유럽의 토지 위에서 전쟁
법 규칙에 따라 수행됐다. 슈미트는 국가적인 공간질서와 국
가적인 조직 형태의 결합이 정당한 적이라는 개념을 실현시
켰다고 말한다. 그에 따르면, 정당한 적이라는 개념이 국제법
속에서 반역자와 범죄를 구별해 줄 수 있었기 때문에 200년
동안이나 전쟁에 대한 유럽적 제한이 가능했다. 그 결과, 유
럽 국제법 안에서 승인된 주권국가는 전쟁에서도 다른 형태
의 주권국가와 더불어 하나의 정당한 적으로 남을 수 있었으
며, 전쟁을 사면조항이 포함되어 있는 평화조약을 통해 끝낼
수 있었다.

3. 전쟁의 제한과 세력균형

슈미트는 유럽이라는 구체적 공간질서에 기반한 국제법의 등장을 중대한 역사적 진전으로 간주한다. 국제정치적 관점에서 유럽 중심의 국제법은 정당한 적과 정당한 전쟁 개념을 통해 전쟁을 제한했고 세력균형을 통해 무제한의 파괴전쟁을 억제할 수 있었기 때문이다.

"본질상 파괴전이며 그 속에서 적이 상호 간에 범죄자와 해적으로 차별화되는 종교전쟁, 당파전쟁의 야만성과 비교해 볼 때, 그것은 가장 강력한 영향력을 가진 합리화와 인도화를 의미한다. 평등한 권리에 대한 평등하게 국가적인 성격이 전쟁을 수행하는 양자에게 당연히 귀속한다. 양자는 서로를 국가로서 승인한다. 그럼으로써 적을 범죄자로부터 구별하는 것이 가능하다. 적이라는 개념을 법적으로 공식화할 수 있게 된다. 적은 '파괴되어야만' 하는 어떤 것이기를 멈춘다. 반도叛徒와 적은 다르다. 그럼으로써 전쟁에서 패배한 국가와 평화 조약을 체결하는 것도 가능하게 된다. 그리하여 유럽의 국제법에 있어서 국가 개념의 도움으로 전쟁의 제한에 성공한 것이다"(2006:142).

정당한 적이라는 관념은 법학적으로는 결코 더 이상 책임 문제를 의미하지 않는다. 정당원인^{justa causa}의 내용적·도덕적 문제를 의미하지도 않고, 무엇보다도 규범주의적 의미에서의 정당원인의 법학적 문제를 의미하지 않는다. 정당한 전쟁, 곧 정전正戰만이 국제법적으로 허용될 수 있다는 것은 자명하다. 이제 "전쟁의 정당성은 더 이상 신학적, 도덕적 또는 법학적 규범의 특정 내용과의 일치 속에 존재하는 것이 아니라, 단일하며 동일한 차원에서 전쟁을 수행하고, 전쟁에도 불구하고 상호 간에 반역자나 범죄자로서가 아니라 정당한 적으로서 간주되는 정치적 구성체의 제도적이며 구조적인 특질 속에 존재"한다. 다른 말로 표현하면, "전쟁의 권리는, 전쟁권의 담지자의 특질 속에만 전적으로 존재하며, 이러한 특질은 상호 간에 전쟁을 수행하는 동등한 권리를 지닌 주권자가 존재한다는 점 속에 존재한다"(2006:143).

17세기부터 20세기까지의 국가들 상호 간에 국제법 질서를 무정부상태로 특징짓는 것은 옳지 못한 일이다. 전쟁 형식을 지닌 모든 무력 행사를 아무 구별 없이 무정부상태로 특징짓는 것, 그리고 그렇게 특징짓는 것을 전쟁에 대한 국제법적 문제에 대한 최종 언어로 생각하는 일은 허용되지 않는다. 전쟁의 폐지가 아니라 전쟁의 제한이 유럽 공법에 기초한 국제법의 고유 성과였기 때문이다. 한마디로, 유럽 국제법의 본질은 '전쟁의 제한'에 놓여 있었다.

"유럽에서 전쟁의 본질은 제한된 공간 내에서 증인들 앞에서 연출되는 질서 지어진 힘의 측정이었다. 그러한 전쟁은 무질서와는 반대되는 것이다. 그러한 전쟁 속에는 인간의 힘으로 이룰 수 있는 질서의 최고 형식이 존재하고 있다. 그러한 전쟁은 점점 심해지는 보복의 악순환에 대한, 그 무의미한 목표가 상호 간의 파괴에 존재하는 니힐리즘적인 증오의 행위와 복수 행위에 대한 유일한 보장책이다. 파괴전의 제거 또는 회피는 힘의 측정을 위한 하나의 형식이 발견되는 것에 의해서만 가능하게 된다. 이는 다시 상대가 동일한 차원의 적으로서, 즉 정당한 적으로서 승인됨으로써만 가능하게 된다.

그렇게 함으로써 제한에 의한 보호의 기초가 주어지는 것이다"(2006:187).

동일한 이유에서 세력균형 역시 유럽적 공간질서에 내재하는 것으로서 전쟁을 제한하고 유럽의 평화를 실현하는 데 크게 기여한 것으로 간주된다. 공동의 공간과 포괄적인 공동의 공간질서가 문제 되는 경우에는 어느 누구도 제3자가 될 수 없다. 포괄적인 공간질서가 하나의 균형으로 이해되는 경우, 그러한 공간질서가 구속적 성격을 가진다는 것은 곧바로 인식된다. 세력균형이라는 관념은 유럽 국가들의 포괄적인 공간질서를 표현한다는 의미를 가질 뿐이다. 직접적인 조약 당사국뿐만 아니라 모든 관계국은 균형의 변경 또는 균형에 대한 위협을 통해 서로 관련되어 있었다. 따라서 19세기 말에 이르기까지 유럽 열강들 사이의 세력균형은 당연히 유럽 국제법의 기초로서 그리고 유럽 국제법을 보장하는 것으로서 통용될 수 있었다.

"유럽 토지상의 승인된 공동의 공간질서는 유럽의 균형이라는 관념 속에 명확히 표현되어 있다. 유럽 안에서 전쟁을 모든 유럽 열강이 결과에 관여되어 있다는 사실을 알고 있다. … 여기서 중요한 것은 … 세력균형이라고 하는 이념이 특별한 방식으로 공간적인 관점과 조화되었으며, 포괄적인 공간질서라는 사상이 그 속에서 명백하게 되었다는 사실에 대한 인식이다. 모든 비판에도 불구하고, 그리고 모든 정치적 남용에도 불구하고, 세력균형 관념 자체의 위대한 실제적 우월성은 그러한 점에 존재한다. 왜냐하면 그 사실에 전쟁의 제한을 실현시킬 수 있는 능력이 동시에 존재하고 있기 때문이다"(2006:189).

4. 두 개의 공간질서: 육지와 자유로운 해양

유럽에서 새로운 공간질서의 실체로서, 새로운 국제법 주체로서의 국가는 법적으로 파악되며 법적인 개념으로서 극히 강력한 존재가 되었다. 그러나 이러한 국가는 본질적으로 통일적이며 그 자체 속에 폐쇄된, 유럽의 토지에 있어서의 영토적 평면이며, 거대한 인격체로 대표된다. 이제야 비로소 국가는 법 주체와 주권적인 인격으로서 형식을 가지게 된 것이다. 명확하고도 영역적인 경계 획정과 더불어 처음으로 주권적 인격들의 공존에 입각하는 공간질서가 가능해졌으며, 새로운 '거대한 인격'은 등권적 존재로서 상호 승인했다.

기독교 공동체를 해체한 유럽의 새로운 '거대한 인격'이 진정 어떤 것이었던가 하는 것은 실제적으로 곧 확정되었다. 그것은 16세기 이래 수많은 전쟁과 회의에서 전투에서, 그리고 서열과 의전상의 분쟁에서 표명됐다. 그와 더불어 유럽의 주권자들은 개인적으로 친척 관계와 상속권에 의해 결합된 하나의 가족으로 남아 있었다. 그들은 자신들의 전쟁을 18세기에 이르러서도 여전히 왕위계승전쟁으로서 수행하고 있었다.

그러나 결정적인 공간관점은 영국의 관점, 곧 해양의 관점에서 바라본 주권적 인격으로 대표되는 대륙 유럽 국가들과의 세력균형이었다. 이것 없이는 유럽 국제법은 더 이상 존재하지 않았을 것이라고 슈미트는 단언한다(2006:145). 영국은 유럽정치에 유일한 해양세력으로 등장했다는 사실과 함께 16세기에서 19세기에 걸쳐 유럽의 세력균형 형성에 지대한 역할을 했다는 점에서 특이성을 지닌다.

16세기에 등장한 유럽 중심적 세계 질서는 육지와 해양이라는 두 개의 서로 다른 세계 질서로 분리됐다. 인류 역사상 처음으로 육지와 바다의 대치가 국제법의 세계 포괄적인 기초로 된 것이다. 여기서 문제가 되는 것은 지중해와 같은 내륙해가 아니라 지리적으로 측정된 지구 전체와 세계적인 대양이었다.

"육지와 바다의 전적으로 새로운 이러한 대치는, 유럽에 의해 발견됐으며 과학적이고 지리적으로 인식된 대지에 대하여 그 노모스를 부여하려고 시도하는, 유럽 공법의 전체상을 규정했다. 그에 따라 여기서는 두 개의 보편적이며 전 세계적인 질서가 대치한다. 그중 어떤 것이든 보편적이다. 각각은 고유한 적 개념, 전쟁 개념, 전리품 개념 등을 가지지만, 또한 고유한 자유 개념 역시 가지고 있다. 16-17세기의 위대한 국제법적 전체 결단은 육지와 바다의 균형 속에서, 그 긴장에 찬 병립 속에서 대지의 노모스를 규정한 두 가지 질서의 대치 속에서 정점에 달했다"(2006:172-173).

영국은 육지와 바다의 두 가지 서로 다른 질서 사이를 연결하는 국가로 규정됐다. 유럽 국제법 속에서의 영국의 위치, 또는 유럽 국제법에 대한 영국의 독특한 지위는 이러한 점으로부터 설명된다. 영국만이 중세의 봉건적이며 육지적인 존재에서 전체 세계를 균형 잡는 해양적 존재로 넘어가는 발걸음을 내딛는 데 성공했다.

스페인은 너무나도 육지적인 국가로 머물러 있었다. 남미 대륙 등 해외까지 걸친 제국임에도 불구하고 해양세력으로 전환하지 못했다. 프랑스는 고전적 의미에서의 국가로 되었고 주권적 국가성이라는 특별하게 영토적인 공간 형식에 찬성하는 방향으로 결단을 내렸다. 네덜란드는 유트레흐트 평화조약(1713) 이래 육지화되었다. 그에 반해 영국은 그의 경쟁 국가들처럼 유럽 대륙에서의 정치와 전쟁에 휩쓸리지 않았다. 그리하여 영국은 대지의 해양적 측면으로 옮아가는 일을 완수했으며, 그 결과 바다로부터 대지의 노모스를 규정할 수 있었다.

"그렇게 함으로써 영국은 유럽 중심적이고 전 세계적인 질서의 보편적이며 해양적인 영역의 담지자, 유럽 공법의 또 다른 측면의 수호자, 유럽 국제법의 공간적인 질서사상을 포함하고 있는 육지와 바다의 균형의 지배자가 되었다. 영국이라는 섬은 지구 질서의 중심을 형성하는 유럽의 일부였으나, 동시에 유럽 대륙으로부터 분리되었고 세계사적인 중간적 지위를 획득했다. 그 지위를 통해 영국은 300년 넘게 '유럽 안in Europe'에 머무르지 않고 '유럽 일부of Europe'를 이루는 국가로 되었다"(2006:173).

육지와 바다의 그 위대한 균형은 대륙 국가들 사이의 세력균형을 성취할 수 있게 해 주었지만 동시에 해양세력들 간의 해양에서의 균형을 이루는 데에는 방해가 되었다. 그런 이유로 대륙의 균형은 존재했으나 해양에서의 균형은 존재하지 않았다. 그러나 슈미트는 이 사실에 관해 유럽이 지배했던 대지의 노모스를 담지한 육지와 바다 사이의 위대한 균형을 간과해서는 안 된다고 말한다. 왜냐하면, 해양세력들 간의 균형이 존재했다면 그것은 대양을 분할했을 것이며 그럴 경우 유럽 공법적 맥락에서 대지의 노모스를 형성한 육지와 대양 사이의 저 위대한 균형을 파괴했을 것이기 때문이다 (2006:173).

5. 영국, 해양적 존재로의 이행

해양의 새로운 자유에 관해 장기간에 걸쳐 논쟁이 펼쳐졌지만 영국의 통치의 실제와 그 공적인 성명에는 해양의 자유에 대한 새로운 원칙과 새롭게 숙고된 개념에 있어 명확성이 결여됐다. 그럼에도 불구하고 해양이라고 하는 본래의 활동영역을 위한 영국의 결단은, 대륙의 국가성이라고 하는, 개념적으로 명확한 결정주의보다 더 위대하고 심오했다. 영국이라는 섬은 대지의 새로운 노모스로의 공간 변화의 담지자가 되었으며, 이미 실로 현대적 기술의 총체적인 탈脫장소화로의 도약을 향한 새로운 공간이 될 잠재능력을 가지게 되었다.

그것은 하나의 새로운 낱말의 주조 속에서 등장한다. 새로운 단어의 주조란 당시에만, 그리고 오직 영국이라는 섬에서만 나타날 수 있었으며, 결과적으로 그곳으로부터 다가오는 모든 시대와 모든 장소의 특징이 되었다. 즉 그것은 토마스

모어 저작의 유명한 제목을 이루고 있는 '유토피아'라고 하는 새로운 낱말 속에서 고지된다.

"영국 특유의 이러한 저작은, 새로운 해양의 자유에 관한 우리들의 위대한 논쟁이 전개되고 있는 시대보다 거의 두 세대가 앞선 1516년에 출판됐다. 모어의 작품 역시 이러한 새로운 자유에 대한 국제법적 문제들과는 어떤 관련도 없다. 그러나 그 작품 속에서, 그리고 유토피아라는 단어의 용례 속에서 의미심장한 방식으로, 그 위에 대지의 낡은 노모스가 입각하고 있었던 그러한 모든 장소확정이 엄청난 규모로 폐기될 가능성이 나타나 있다. 고대의 사람이 그러한 낱말을 입에 올린다는 것은 아마도 생각조차 할 수 없었을 것이다. 실로 유토피아라는 말은 단순하게 일반적으로 어디에도 없는 곳Nirgendwo, Nowhere, Erewhon을 의미하는 것이 아니라 토포스, 곧 장소가 아닌 것U-topos을 뜻하며, 그 부정과 비교해 볼 때 토포스에 반하는 것A-Topos이라는 실로 더 강하며 부정적인 관계를 토포스에 대하여 지니고 있는 것이다"(2006:178).

19세기 후반에 이르면 영국은 해양적 존재로서의 근거를 벗어던지고 헤겔이 언급한 산업기술적, 상업무역적 존재로의 발걸음을 내딛는다. 하나의 전조처럼 산업기술적 존재로의 이행은 유토피아라는 낱말의 주조로서 이미 예견된 것이나 다름없었다. 해양으로부터 질서 지어진 세계라고 하는 새로운 세계상의 배후에서, 18세기에 영국이라는 섬으로부터 출발된 산업시대라는 광범위한 미래가 이미 어렴풋하게 등장하고 있는 것이다(2006:178). 세계사적 관점에서 보았을 때 미국이라는 광역국가의 출현에 의해 산업기술적 존재로의 이행이 그 절정에 달한다고 할 수 있다.

슈미트가 자신의 '공간 사상'에 관하여 이해하기 쉽게 저술한 『땅과 바다』를 통해 해양세력으로서의 영국의 등장이 지닌 국제법적 의미에 대해 보충할 필요가 있다. 이 책은 딸에게 보낸 편지형식으로 비교적 평이하게 쓰였다. 슈미트에 따르면, 영국 사례는 아테네나 카르타고, 로마, 비잔티움 또는 베네치아 등 다른 해양세력의 역사와 경우와 비교할 때조차 대단히 고유한 것이었다. 그것의 특이성, 그것의 비교 불가능성은 영국이 이전 시기 대양 권력들과는 전혀 다른 역사적 순간에, 전혀 다른 방식으로 원소적 변형을 겪었다는 사실에 놓여 있었다. 영국은 자신의 실존을 진정으로 바다 쪽으로 돌렸고 자국을 바다 원소의 중심에 놓았다. 이를 통해 영국은 수많은 해전과 전쟁에서 승리했을 뿐만 아니라 뭔가 훨씬 더 다른 것, 바로 혁명을 성취할 수 있었다. 전 지구적 차원에서의 공간혁명이 바로 그것이다.

공간혁명이라는 어떤 것일까? 슈미트에 따르면 인간은 자신의 "공간"에 대한 명확한 의식을 가지고 있는데, 그 의식은 거대한 역사적 변화들에 종속되어 있다. 수많은 존재 형식에 상응하는 만큼이나 다양한 공간이 존재한다. 동일한 시대 속에서도 일상적인 삶의 실천들을 위한 각자의 환경세계는 이미 그들의 다양한 직업에 따라 서로 다르게 규정된다. 대도시에 사는 사람은 농부와는 다른 세계상을 가지고 있고, 고래 사냥꾼은 오페라 가수와는 다른 삶의 공간을 가지며, 비행기 조종사에게 세계와 삶은 다르게 보일 뿐만 아니라 차원과 깊이, 그 지평에 있어서 다를 수밖에 없다. 따라서 서로 다른 민족들, 나아가 인류의 역사에서 서로 다른 시대에 공간에 대한 표상의 차이는 그만큼 더 깊고 클 수밖에 없다고 할 수 있다

(Schmitt, 2016:70-71).

　　"영국이 16세기에 대양 자식의 민족이 되었을 때, 그것은 영
　국이라는 나라 자체의 정치적·역사적 근본적으로 전환하는
　것을 의미했으며, 이는 바로 세계에 대한 표상, 곧 일종의 공
　간혁명으로부터 발생했단다. 그 전환은 육지가 오직 해양의
　관점에서 고찰되는 데서 분명히 드러난다. 비유적으로 표현
　하면, 이제 섬이란 떨어져 나온 대륙의 일부가 아니라 배[舟]라
　고, 보다 분명하게는 어디든 갈 수 있는 물고기라고 받아들여
　지는 것 말이야"(Schmitt, 2016:113).

　　육지에 속한 관찰자들에게는 이렇듯 바다로 출발하는 일,
그러니까 육지를 순수하게 해상적인 관점에서 이해한다는 것
은 간단한 일이 아니었다. 슈미트는 우리가 일상적으로 쓰는
언어의 모든 지칭이 육지의 관점에서 만들어진 것이라고 말
한다. 우리 행성에 대해 우리가 만들어 낸 이미지를 우리는
그냥 지구라고 부르면서, 바다, 곧 대양의 이미지를 거기에 당
연한 것처럼 포함시켜 버린다는 사실은 쉽게 간과한다. 바다

에는 육지처럼 길이 있는 것이 아니라 그저 이동경로만 있음에도 불구하고 육지의 이미지를 차용해서 '해로'라는 용어를 사용하는 것이 단적인 사례다.

"대양에 떠 있는 선박을 우리는 바다에 한 구역의 땅이라고, 국제법에 이 문제를 다룰 때 지칭하듯이 '유영遊泳 중인 국가 영토의 한 부분'으로 간주한다. 군함은 유영하고 있는 요새, 영국 같은 섬은 바다와 참호로 둘러싸인 성곽으로 여기고 있다. 반면, 해상적 인간들이 보기에 이 모든 것들은 부정확한 은유이자 육지인들의 환상이 투영된 것에 불과했다. 물고기는 수영하는 개가 아닌 것처럼 배 역시 떠돌아다니는 육지의 일부가 아니었다. 거꾸로 바다의 관점에서 보자면 대륙은 그저 해안, 즉 '배후의 땅'을 지닌 해변에 불과했다. 바다로부터, 대양적 실존에서 보자면, 땅 전체는 표류물이면서 대양의 분출물일 수도 있었다. '스페인, 그것은 유럽 해안에 좌초한 거대한 고래'라는 에드먼드 버크의 놀라운 표현은 바다로부터 출발하는 관점의 대표 사례에 해당한다"(Schmitt, 2016:114).

슈미트는 영국이 해양적 존재로 완전히 변모하고 난 이후 다른 세계와의 본질적 관계들, 특히 유럽 대륙의 국가들에 대한 관계도 변화되어야만 했다고 말한다. 영국 정치의 모든 기준과 척도가 다른 유럽 나라들과 비교할 수도, 서로 상응할 수도 없어졌기 때문이다. 대양의 주인이 된 영국은 그 대양 지배에 근거해 지구 전체를 포괄하고 모든 대륙에 산개되어 있는 영국만의 세계 제국을 건설했다.

영국은 모든 것을 거점과 이동경로라는 관점에서 사고했다. 다른 민족들에게는 대지와 고향이었던 것이 영국에게는 그저 배후의 땅으로만 보였기 때문이다. '대륙적'이라는 단어는 이제 '시대에 뒤떨어진'이라는 부가적 의미를 얻게 됐고, 유럽 대륙에 속한 국민들은 '퇴보하는 민족들'로 여겨졌다. 그러면서 그 섬은 다시 말해 순수한 해상적 실존 위에 세워진 세계 제국의 수도는 뿌리를 제거하고 육지를 떨쳐 버렸다.

"모든 대륙에 걸쳐 있는, 서로 연결되지 않은 채 산개된 세계 제국의 이동 가능한 중심점과 다름 없었기에 그 섬은 마치 배나 물고기처럼 지구의 다른 부분을 향해 헤엄쳐 갈 수 있었다. 빅토리아 여왕 시절의 유력한 영국 정치인이었던 벤저민 디즈레일리는 인도를 염두에 두면서, 영국 제국은 이제 유럽 권력이 아니라 아시아 권력이라고 언급한 것도 이런 맥락에 이해할 수 있다. 이것은 이제 영국의 운명은 반드시 유럽과 결부되어 있지 않으며, 섬은 다른 곳을 향해 떠날 수 있고 세계적 해상 제국의 수도로서 자리를 바꿀 수도 있다는 표현과 다름없었다. 배는 돛을 올리고 다른 곳에 닻을 내릴 수 있다. 한마디로, 리바이어던이라는 거대한 물고기는 다른 대양을 찾아 스스로 움직일 수 있다는 것이었다"(Schmitt, 2016:115-116).

슈미트는 역사적 단계의 측면에서 야심찬 방식으로 육지의 취득이 진행되는 동안, 다른 한편에서는 그 못지않게 중요한 대양적 측면에서 우리가 사는 지구를 새로 분배하는 일의 절반이 완성됐다고 주장한다. 이는 바로 영국의 대양 취득을 통해 발생한 일이었다. 영국의 대양 취득은 바다의 측면에서 이루어진 유럽 전체의 약진의 결과였다. 이를 통해 첫 번째 전 지구적 공간질서의 근본 노선이 결정되었다. 그것의 본질은 바로 육지와 바다를 분리하는 데 있었다.

그 결과 육지는 유럽의 20여 개 남짓의 주권국가에 귀속됐던 반면, 바다는 누구에게도 속하지 않는 무주물이거나 만인에게 속한 모두의 공물처럼 간주됐다. 하지만 실제로는 결국 단 한 나라, 바로 영국에 속했다. 육지의 질서는 그 땅이 각 국가의 영토로 나누어져 있다는 사실에서 발생하지만, 공해는 자유로웠다. 다시 말해, 개별 국가들부터 자유롭고 어떤 국가의 영토주권에도 종속되어 있지 않았다. 대양과 육지의 분리라는 공간과 결부된 근본적 사실로부터 근 300년간의 유럽의 국제법이 발전되어 나왔다. 이것이 그 시대의 근본법칙이자 대지의 노모스였다.

6. 육전과 해전의 차별성

영국의 대양 취득, 그리고 육지와 바다의 분열은 육전陸戰과 해전海戰의 대립에서 구체적 형태로 그 모습을 드러냈다. 육전과 해전은 전략적로도 또 전술적으로도 원래부터 다른 것이었다. 그런데 이제 군사교리상의 이러한 대립이 서로 다른 두 세계와 서로 대립하는 법적 신념의 표현으로 전환했다.

유럽 대륙 내 국가들은 16세기 이래 육지전의 특정한 형태들을 고안했다. 이런 사고의 근저에는 전쟁이란 다른 국가에 대한 한 국가의 관계라는 발상이 깔려 있었다. 전쟁 당사자들에게는 국가가 조직한 군사력이 있고, 군대는 열린 전장에서 서로 대치하여 격돌한다. 이 경우, 전장에 있는 군대만이 서로를 살상하는 적대 행위에 관여하며, 비非전투원인 민간인들은 전투에 참가하지 않고 전장 바깥에 남게 된다. 왜냐하면, 전쟁에 직접 참여하지 않는 한 그들은 적이 아니며 적으로 취급받지 않기 때문이다.

이에 반해 해전에서는 적의 무역과 경제도 적으로 취급할 필요가 있다는 생각이 바탕에 깔려 있었다. 따라서 적은 무장을 하고 있는 상대국의 군대뿐만 아니라 적국의 모든 거주민, 나아가 그 적과 무역을 하고 경제적 관계를 맺고 있는 중립국들 모두에 해당한다. 육지전은 전장에서의 직접적 전투 행위가 결정적 교전의 경향을 갖는다. 해전에서도 직접적인 대양 교전이 일어날 수 있지만, 포격이나 적의 해안에 대한 봉쇄, 적과 중립국의 상선을 전리품 관련 국제법에 따라 포획하는 등의 수단을 선호했다는 게 주요 특징이다. 요컨대, 전형적인 해전 수단의 본질은 전쟁이 싸우는 당사자뿐 아니라 싸우지 않는 자들도 겨냥하고 있다는 데 있다. 슈미트는 식량봉쇄의 경우, 군인이든 민간인이든, 남자든 여자든, 노인이든 아이든 가리지 않고 전쟁 관련 지역에 속해 있는 모든 사람에게 무차별적으로 타격을 준다는 점을 특히 강조한다.

이것은 단지 국제법 질서상의 두 측면이기만 한 것이 아니라 완전히 서로 다른 두 세계의 표현이었다. 영국의 대양 취득 이래로 영국인들과 영국 이념의 궤도에 서 있는 민족들은 여기에 익숙해졌다. 이들의 세계관에 따르면 육지를 취득함으로써 지구 전체를 포괄하는 세계 권력을 행사할 수 있게 될 것이라는 생각은 말도 안 될 뿐만 아니라 견디기 힘든 일이었을 것이라고 슈미트는 말한다. 육지로부터 분리된 해상적 실존 위에 세워져 세계를 지배하는 경우라면 그게 적용되지 않을 것이기 때문이다. 육지가 아닌 해양의 관점에서 대지의 노모스를 재정의 함으로써 영국은 19세기 세계 최강국으로 도약할 수 있었다. 그런 발전을 추동한 것은 다른 무엇보다 정치가 아닌 경제의 힘이었다. 이런 측면에서 영국 사례는 20세기 상업 제국을 향한 미국의 전조였다.

"유럽 북서쪽 변방에 자리잡은 상대적으로 작은 섬나라인 영국은 견고한 육지에서 등을 돌려 대양을 선택함으로써 점차 세계 제국의 중심으로 자리 잡았다. 순전히 해양적 실존 속에서 그 섬은 전 세계에 걸친 세계지배를 확립할 수 있는 수단을 발견했다. 바다로부터 육지의 단절이 지구라는 행성의 근본법칙이 되면서 이 토대 위에서 교리와 증명, 심지어는 학문 체계까지 급속히 증가하며 비약적으로 발전했다. 이것들을 통해 인류는 이러한 상태의 지혜로움과 현명함으로 분명하게 알게 되었으나, 영국의 대양 취득과 그것의 시대적 구속성이라는 근본 사실까지는 염두에 두지 못했다"(Schmitt, 2016:109).

제4장

—

유럽 국제법의 이론과 현실

이 장은 슈미트의 공간 사상으로서의 대지의 노모스가 구체적 정치현실, 보다 정확히 말하자면 실제 역사의 국제정치 상황에 직면하여 시험대에 오르는 가장 정치적인 논의를 진행하는 부분이다. 슈미트는 여기서 규범주의를 비판하며 국제정치에 관련하여 자신만의 독특한 구체적 질서사고를 개진한다. 이러한 슈미트의 관점은 국제정치 이론의 현실주의와 통하는 측면이 있지만 그렇다고 반드시 일치하는 것은 아니다.

슈미트는 본능적으로 변증법, 곧 사물의 현상과 그 이면에서 새롭게 발전하여 기존 현실과 모순에 처할 수밖에 없는 미래의 현실, 그 구성 부분에 착목한다는 점에서 현실주의와는 다른 차원의 높은 수준의 이론적 지평을 보여 준다. 다만, 그가 보여 주는 유럽 국제법의 현실을 설명하고 옹호하는 입장에서 규범주의에 관한 그의 인식 내지 견해는 슈미트 자신에게도 비판의 화살을 돌릴 수밖에 없다. 슈미트가 이해하는 규범주의는 독일의 현실에 머무를 뿐, 새롭게 변화하는 세계상世界像 속에서 등장하는 이론·역사적 계기를 시야에서 놓치고 있다. 다시 말해서, 구체적 질서사고에 반하는 모든 이론 내지 사상을 규범주의로 일반화할 수 없다는 것이다. 특히, 국제무대에서 미국의 등장을 서반구의 반격으로 규정하는 것은 슈미트가 미국 외교정책에 대해 제대로 이해하지 못했음을 보여 준다. 이것은 미국 사회와 정치 전반에 대한 몰이해이기도 하다.

19세기 말에 본격화되는 유럽 중심 세계관의 붕괴와 그 연장선상에서 제기되는 유럽 국제법의 종언은 구체적 질서사고와 규범주의로 이원화할 수 없는 역사적 상황 전개에 의한 것이다. 다시 말해서 기존의 관점으로는 파악할 수 없는 전 지구적 변화에 직면하여 유럽 중심의 국제법이 적실성을 상실했다고 보는 게 보다 정확한 표현일 것으로 여겨진다. 어쩌면 인간사의 모든 현실이 그 시작부터 구체적 질서사고 대 규범주의라는 이원주의로 양분하여 설명할 수 없는 복잡다단한 사건의 연속임을 슈미트가 제대로 파악하지 못했을지도 모른다. 바로 여기에 슈미트의 구체적 질서사고와 그 연속선상에서 개진된 대지의 노모스 이론에 내재한 법학 중심의 경직된 사고의 한계가 드러난다.

영토 변경에 관한 국제법적 이해와 유럽 강대국의 변천 과정을 설명하고 있는 이 장은 다음 장 주제인 새로운 대지의 노모스의 등장과 깊이 관련되어 있다. 유럽 국제법의 몰락이 20세기에 전개될 전 세계 차원의 정치·경제적 변동 과정과 인과관계에 놓여 있기 때문에 보다 자세하고 정확한 설명을 요한다. 진정한 의미에서 지구 전체를 망라하는 문자 그대로의 세계사는 20세기 들어서야 비로소 시작된 것으로 규정할 수 있다. 그전까지의 세계사는 실제로는 유럽 역사에 불과했다. 한마디로, 유럽 역사가 세계사를 참칭한 것이라 해도 과언은 아닐 것이다.

두 차례의 세계대전 등 인류사 최대 비극과 거대한 정치

변동으로 점철될 20세기가 다가오고 있던 19세기 말의 시점에서 유럽 열강들은 약속이라도 한 듯 전 지구적 팽창을 결심했다. 제국주의로의 이행이 바로 그것이다. 조만간 비유럽 국가로는 유일하게 일본이 유럽 열강의 영토적 팽창 움직임에 합세함으로써 이제 세계는 아메리카 대륙을 제외하곤 이들 열강의 식민 지배 아래 놓이는 초유의 사태를 맞이하게 되었다. 동양에서 '서세동점西勢東漸'으로 칭하는 암흑기가 시작된 것이다.

문제는 서구 열강이 영토적 팽창을 결심함으로써 그들 내부의 경쟁과 갈등이 한층 격화하여 급기야 세계전쟁으로 폭발하는 사태에 이르게 되었다는 것이다. 19세기 말부터 시작된 일련의 정치적 격변이 만국공법으로 일컫던 유럽 중심의 국제법을 붕괴시켜 새로운 대지의 노모스로의 전환을 초래했다. 슈미트는 유럽 국제법상의 '영토 변경' 개념에 대한 설명을 통해서 19세기 말에 시작된 유럽의 영토 팽창, 이로 인한 전쟁의 성격 변화, 그리고 강대국의 의미 변화에 대해 분석한다. '영토 변경'에 관한 국제법적 이해가 변화 조짐을 보이면서 오랜 기간 서구 중심의 국제질서를 안정적으로 지탱해 온 유럽 공법이라는 대지의 노모스는 붕괴 과정에 접어들었다.

1. 유럽 국제법상의 영토 변경의 의미

슈미트는 서유럽의 세력 팽창에 따른 국가 간 경쟁을 '국제법적 공간질서의 외부와 내부에 있어서의 영토 변경'이라는 용어로 표현한다. 슈미트에 따르면 "모든 공간질서는 그것의 모든 담지자와 관여자에 대한 보호, 보다 구체적으로 영토 및 토지에 대한 공간적 보장을 포함한다. 국제법의 핵심 문제는 그로부터 유래한다. 즉 한편으로 영토의 소유 변경은 불가피한 과정이긴 하지만, 다른 한편으로 영토 변경은 공동의 공간질서를 존속시키는 문제와 관련하여 대단히 위험한 일이다(2006:185).

슈미트는 먼저 유럽 공법을 준수하는 합법적 영토 변경에 관해 설명한다. 물론 유럽 공법이라는 합법성에 준한다 해도 모든 영토 변경이 평화롭게 발생하는 것이 아니다. 그것은 종종 국가 간 전쟁을 수반한다. 여기서의 핵심은 영토 변경을 시도하는 전쟁 역시 일종의 세력균형에 도달하는 시기까지 제한전쟁에 머무르며 최종적으로 각종 조약 내지 국제회의를 통해 평화적으로 마무리된다는 사실에 놓여 있다.

"모든 국제법적 질서는, 스스로를 부정하지 않으려면, 그것이 다수의 개별성에 있어 다소간 우연적인, 특정의 역사적 시점에 있어서의 그때마다의 영토적 현상을 단순히 유지하는 것이 아니라, 그것의 기초가 되는 노모스, 그것의 공간 구조, 질서와 장소확정의 통일성을 보장해야 한다. 그럴 경우, 전쟁, 분쟁, 보복과 아주 다양한 종류의 무력행사를 영토 변경을 가능하게 하는 수단으로 인정하는 것이 전적으로 가능하며, 때로는 필수적이기조차 하다. 그러나 그 경우 이러한 것들은 제한된 과정을 이룬다. 그것들은 전체로서의 포괄적 공간질서를 문제 삼지 않는다. 질서를 파괴하는 것은 전쟁 자체가 아니라 전쟁에 대한 이제까지의 제한을 회피하는 전쟁 수행 방식 및 목표와 관련된 것이다"(2006:186).

슈미트는 17세기부터 20세기 초반까지의 주권국가들 사이의 국제법 질서를 단순한 무정부상태로 특징짓는 것이 부적절하다고 말한다. 왜냐하면 그러한 질서는 제한전쟁을 합법적 영토 변경의 수단으로 허용하기 때문이다. 그러므로 1815년에서 1914년 사이 시기에 발생한 국가들 사이의 유럽 전쟁은, 현대의 전쟁, 곧 평화 파괴자에 대한 현대적 경찰 조치와 평화회복 조치가 섬뜩한 파괴 행위일 수 있다는 사실과 비교했을 때 실제로는 질서 지어지고, 중립적인 강대국에 의해 제한되며 법을 충족시킨 과정으로 간주할 수 있다.

유럽 토지상의 승인된 공동의 공간질서는 유럽의 세력균형이라는 관념 속에 명확히 표현되어 있다. 유럽 국가들은 전쟁을 개시하는 자의 의도 및 제 결과가 유럽 열강의 세력균형과 연관되어 있다는 사실을 잘 이해했다. 슈미트는 특히 비스마르크의 외교적 노련함이 1864년, 1866년과 나아가서는 1871년에 성공을 거둔 것과 같이, 대단히 복잡한 사정 속에서도 유럽의 세력균형을 이해하고 '순식간에 평화'를 이끌어 온다는 점에 있었다고 강조한다. 공간질서로부터 확고한 지위를 얻는 공동성은 주권과 불간섭에 대하여 주장되는 그 어떤 것보다도 한층 중요하다.

"여기서 중요한 것은 균형이라고 하는 이념이 특별한 방식으로 공간적인 관점과 조화되었으며, 포괄적인 공간질서라는 사상이 그 속에서 명백하게 되었다는 사실에 대한 인식이다. 모든 비판에도 불구하고, 그리고 모든 정치적 남용에도 불구하고, 균형 관념 자체의 위대한 실제적 우월성은 그러한 점에 존재한다. 왜냐하면 그러한 점에, 전쟁의 제한을 실현시킬 수 있는 그것의 능력이 동시에 존재했기 때문이다"(2006:189).

직접적인 조약 당사국뿐만 아니라 유럽 내 모든 관계국은 세력균형의 변경 또는 세력균형에 대한 위협을 통해 서로 관련되어 있었다. 유트레흐트 평화조약(1713)에서 19세기 말에 이르기까지의 시기에 있어 유럽 열강들의 균형은 당연히 유럽 국제법의 기초로서 그리고 유럽 국제법을 보장하는 것으로서 통용됐다. 그것의 정치적 결과는 명백했다. 러시아의 시베리아 정복과 같이 유럽 외부에서의 거대한 영토 획득은 거의 주목받지 못한 채 이루어진 데 반해 유럽의 국가 체제 내부에서의 모든 중요한 영토 변경에 관해서는 모든 강대국이 관심과 이해를 드러냈다.

공간질서에 대한 유럽 국가들의 공동의 이해와 세력균형에 의한 전쟁의 제한은 영토 변경과 관련한 사안을 평화조약을 체결하는 방식으로 종결하도록 했다. 슈미트는 평화조약 체결이 중대한 영토 변경을 포함하는 경우, 평화조약 체결은 유럽 공법이라는 구체적 질서 전체의 공동사안이 되며, 영토 변경 등 모든 중요한 사안과 관련하여 전쟁 당사자가 아닌 국가들의 이해는 전쟁 중에 이미 표명되어 있어야 한다고 말한다.

"유럽의 토지 위에서 유럽 국가들 사이에 수행되는 모든 전쟁은 해당 전쟁에 중립을 유지하는 유럽 강대국들에 의해서조차 주의 깊은 관심을 가지고 추적됐다. 그 이유는 전쟁의 결과가 그들 나라 모두에게 영향을 미쳤기 때문이다. 누구도 이러한 주의 깊은 관심을 간섭으로 간주하지 않았다. 유럽의 모든 정치가는 그것을 자명한 권리로 간주했고, 또 그것을 기대했다"(2006:192).

국가들 사이의 관계를 다루는 유럽 국제법의 역사에 있어,

모든 대규모의 영토 변경, 새로운 국가 수립, 독립 선언과 중립 선언은 대체로 유럽의 회의를 통한 집단조약을 통해 성립됐거나 그런 방식으로 공인됐다. 1815년의 스위스와 1831년에서 1839년의 벨기에 사례에서처럼 국가의 영세 중립화는 무엇보다도 유럽 강대국들의 집단조약 형성이 필요한 사안이었다. 왜냐하면 특정 국가의 영토가 전쟁터로 변할 위험을 중단함으로써 국제법상의 특별한 지위를 부여받을 수 있었기 때문이다.

대규모의 유럽 평화회의들, 1648년의 선구적인 베스트팔렌 조약부터 1885년 콩고회의의 집단조약들은 공간질서로서의 유럽 국제법의 개별적 발전단계를 규정했다. 슈미트에 따르면, 유럽의 조약 체제는 모든 중요한 영토 변경에 대하여 일반적인 심의와 결의 속에서 그 방법과 형식을 발전시켰으며 균형이라는 관념에 대하여 훌륭한 의미를 부여했다. 여기서의 핵심은 하나의 포괄적이고 유럽 중심적인 공간질서가 국가 상호 간의 정치 관계인 국제법의 근저에 놓여 있다는 사실을 잘 드러내 주었다는 사실이다(2006:192-193).

2. 유럽 국제법상의 강대국의 지위와 역할

슈미트는 유럽 내에서의 영역 변경에 대처하는 두 가지 조정 방식에 대해 언급한다. 하나는 유럽 내 모든 국가에게 허용된 전쟁권이다. 전쟁에 대한 자유로운 권리, 곧 주권을 절대시하는 전쟁권은 유럽 국가들이 언제나 공식적으로 개입할 수 있도록 허용하며, 필요할 경우 해당 전쟁에 대한 공동의 심의와 결정에 참여할 수 있는 길을 터주었다. 다른 하나는 무력에 의한 조정방식을 거치지 않고 다양한 형태로 발전해 온 유럽 내 평화조약 및 회의 체제이다.

"유럽 국제법은 전쟁에 의존하지 않고도 상대적으로 유연하고 지속가능한 대규모 공동회의 형식을 발전시켰다. 유럽 국가들은 이러한 회의체를 현존하는 공간질서를 옹호하고 때에 따라서는 평화적으로 조정할 수 있도록 의식적으로 적용했다"(2006:192).

슈미트는 평화조약 및 회의 체제에서 유럽의 강대국들이

주도적 역할을 했다고 말한다. 유럽 열강은 공동의 공간질서에 대한 가장 강력한 이해 당사자이다. 유럽 공법의 국제법을 보다 구체적으로 이해하기 위해서는 강대국Great Power에 대한 슈미트의 독특한 정의를 살펴볼 필요가 있다. 왜냐하면 강대국에 대한 정의을 통해 유럽 중심의 국제법이 해체되고 미국이 주도하는 새로운 대지의 노모스, 곧 보편주의에 의거한 20세기 국제질서로 변동하는 단초를 발견할 수 있기 때문이다.

슈미트에 따르면, 유럽 강대국들은 그들에 의해서 지도되는 공간질서의 담지자 및 보증인으로서의 그들의 지위에 있어 모든 중요한 영토 변경에 관해 승인을 부여하는 존재였다. 강대국이라는 말이 일반적으로만 하나의 거대한 세력을 표시하는 것은 아니다. 강대국의 본질은 의미심장한 방식으로 다수의 강대국이 강대국으로서 이미 승인되어 있는 현존 질서의 틀 내에서 우월한 지위를 나타내는 경우에 존재한다. 따라서 기존 강대국에 의한 새로운 강대국의 승인이야말로 유럽 국제법상의 승인의 최고 형식이다. 새로운 강대국을 승인하는 가운데 승인을 부여한 국가들은 상호 간의 승인 행위를 통해 동시에 승인받을 수 있기 때문이다.

"강대국으로서의 승인이 무엇보다도 먼저 공간질서에 관
계된 것이며, 국제질서의 공간 구조와 관련한 중요한 과정이
라는 사실을 인식할 수 있다. 강대국으로서의 승인 속에서
전쟁법과 정당한 적에 대한 승인이 그 가장 큰 의미를 부여
받는다는 이유에서뿐만 아니라, 특별한 공간질서와 관련되
는 하나의 이유에서도 그러하다. 강대국으로서의 승인은 육
지 취득을 위하여 가장 중요한 국제법 제도이다. 따라서 그것
은 국가들 사이의 관계를 다루는 국제법의 관점에서 유럽회
의와 각종 협상에 대한 참여권을 의미했다. 19세기에 강대국
으로서의 승인은 독일 제국과 이탈리아에게 아프리카와 남
태평양에서의 식민지 획득에 접근할 수 있는 권리를 의미했
다"(2006:191).

여기서 우리는 강대국으로의 승인 형식과 함께 유럽 국제
법이 지녔던 공통성에 주목할 필요가 있다. 슈미트는 신생국
승인을 사례로 유럽 강대국들이 유럽 중심의 공간질서에 대

해 지녔던 공통인식의 근거에 관해 설명한다.

"강대국들에 의한 신생국가에 대한 모든 승인은 근본적으로 하나의 공간적 성격을 가지고 있다는 것은 자명한 사실이다. 그것은, 변경이 현존의 공동적인 공간질서의 전체 구조에 있어 용인될 수 있다고 하는, 본질적으로 어떤 영토 변경에 관계되는 내용 표명이다. 승인된 국가에 대하여 그것은, 개별적인 경우, 예를 들어 1856년과 1878년에 생겨난 발칸반도의 국가들과 같은 소국小國들의 경우에 사실상 국제법적인 판결을 의미한다. 이것만큼 주권적 강대국들의 국가 상호 간 질서에 대하여 법적 힘을 부여하는 포괄적 구속이, 개별 구성원의 주권적 의지가 아니라 공동의 공간과 토지에 속해 있다는 사실에 근거한다는 것을 명확히 보여 주는 사례도 없다"(2006:191-192).

유럽이 아닌 서반구에 속한 미국을 강대국으로 승인한 직후부터 새로운 문제가 발생했다. 왜냐하면, 1823년의 먼로 독트린에 표명되어 있는 미국의 대외정치의 원칙들은 근본적으로 유럽 강대국들이 표명한 것과 같은 모든 종류의 승인에 대한 거부를 그 속에 포함했기 때문이다. 서반구라는 지구 경계선은 이미 전 세계적인 것으로서의 유럽의 특수한 공간질서에 대하여 논쟁적으로 문제를 제기하는 것을 내포했다(2006:191).

실제로도 그랬다. 먼로 독트린은 고립주의 및 유럽에 대한 불개입, 비식민화 등 3대 원칙을 표명했다. 먼로 독트린 발표를 전후해 브라질, 아르헨티나, 멕시코 등 라틴 아메리카 대부분의 국가가 독립한 것은 우연이 아니다. 왜냐하면, 유럽 중심의 국제법은 무주지에 대한 발견과 선점, 정복을 주권국의 보편적 권리로 인정했기 때문이다. 이는 분명히 특수하게 유럽적인 것으로부터 공간 감각을 결여한 일반적 보편적 것으로의 이행, 즉 전승되어 온 특별한 유럽 국제법의 종말과 그에 의해 이뤄진 전쟁의 제한에 입각해 있던 모든 대지의 공간질서의 종언을 예감하게 했다. 이를 입증이라도 하듯 윌슨 대통령은 국제평화가 먼로주의의 세계적 확산에 달려 있다고 설파했다.

"나는 모든 국가가 만장일치로 먼로 독트린을 전 세계의 독트린으로 채택할 것을 제안 드립니다. 먼로 독트린의 핵심은 그 어떤 국가도 다른 민족이나 국가의 영토를 침범하여 국가를 넓히려고 시도하지 말아야 하며 … 이후 모든 국가는 권력 투쟁으로 이어질 동맹을 맺지 않도록 해야만 한다는 것입니다"(Kissinger, 1994:224)

비유럽국가, 보다 정확하게 비非백인국가의 강대국으로 진입은 또 다른 문제를 야기했다. 일본의 강대국으로의 진입 사례가 특히 그러했다. 유럽 열강은 문명과 종교, 발견과 정복이라는 역사적 권리의 확보라는 측면에서 백인 중심의 등권적 가족질서를 형성했다. 국제질서의 형성자로서의 유럽 가족이라는 공동의 인식이 얼마나 강했냐 하면 청일전쟁 직후 '만국공법'(Wheaton, 2021:184)[5]에 따른 시모노세키 조약에 의거하

---

5   이 부분의 원문은 다음과 같다. "The title of almost all the nations of Europe to the territory now possessed by them, in that quarter of the world, was originally derived from conquest, which has been subsequently confirmed by long possession and international compacts, to which all the European States have successively become

여 랴오둥반도 일대에 대한 정복권을 행사한 일본의 시도를 독일, 러시아, 프랑스 세 나라가 협력하여 무력화한 '삼국간섭' 역시 이런 맥락에서 이해할 수 있다.[6]

각종 교과서에서 강대국으로서의 일본에 대한 승인은 1904-1905년의 러일전쟁의 시기로도, 혹은 청일전쟁에서 승리한 1894년으로 그 시점이 잡혀 있다. 일본이 승리를 거둔 두 전쟁은 강대국이라고 하는, 국제법을 담지하고 있는 좁은 서클에 대한 가입을 위한 파티로 여겨졌다. 일본 스스로는 의화단 사건을 처리하기 위해 강대국들이 베이징에 징벌군을 파견하는 데 관여한 1900년을 자국이 강대국으로 인정받은 결정적 시점으로 간주했다. 동아시아 강국의 출현에 의해 아시아로부터 더 이상 유럽 중심적이 아닌 새로운 세계 질서로의 이행이 시작된 것이다(2006:191).

---

parties"(Wheaton, 1936:201)

6   일본의 외무대신이었던 무스 무네미쓰가 비망록 형태로 작성한 『건건록』은 삼국 간섭 당시 일본이 처한 외교 현실과 국제정치적 위상을 잘 보여준다. 『건건록』은 삼국간섭의 당사국이었던 독일, 러시아, 프랑스는 물론, 삼국간섭에 동조하지 않은 영국, 미국, 이탈리아의 외교적 입장을 각국의 외교 훈령 및 당사자 간의 공식 서한을 통해 일본의 외교적 상황을 분석한 글로서 자료적 가치가 높다.

강대국의 승인과 관련한 슈미트 논의의 시사점은 일본이 유럽 국제법을 수용하여 기존 강대국 공간질서의 신규 멤버로 가입하기 위하여 전력을 기울였던 반면 미국은 유럽 중심의 국제법 체계에 균열을 내려했다는 점에서 양국의 강대국으로의 진입에는 중대한 차이가 있다는 것이다. 슈미트는 미국의 영향력이 증대함에 따라 국가라는 용어 또한 유감스럽게도 "무차별적인 일반 개념으로 되어 버렸다"고 비탄조로 말한다. 그것은 국가 개념의 오용으로 결과적으로 국제법상의 혼란을 초래했다. 특히 16세기부터 20세기 초반에 걸친, 특별히 국가적인 국제법 시대의 공간관념이 본질이 다른 국제법 질서에로 양도되어 버렸다. 그에 따라 국가 상호 간의 국제법은 정치적 통일과 대지의 공간질서라는 특정한 역사적 시기와 결부된 역사 특수적인 발현 형태로 축소됐다(2006:211). 바야흐로 유럽 중심의 세계 질서를 떠받쳐 온 유럽 국제법은 해체되어 역사의 뒤안길로 사라지고 미국이 주도하는 새로운 대지의 노모스로의 길이 활짝 열린 것이다.

3. 영토 변경의 두 가지 차원: 문명의 유럽과 야만의 비유럽

유럽 안에서의 영토 변경의 경우, 슈미트는 육지 취득과 관련한 국가승계의 문제로 다룬다. 국가승계에 있어서는 영토주권의 변화가 발생한다. 그 결과 영토 변경과 관련된 육지는 이전의 상황과는 달리, 영토를 취득한 새로운 국가 권력에 의해 지배된다는 점에 대해서는 의견이 일치했다. 유럽 공법에서 국가승계 문제는 현존하는 공간질서 안에서의 육지 취득에 관한 전형적인 법 제도로 발전했다. 이때 특정 영역에 대한 국가의 통치권 변경을 승계로 파악하는 것은 새로운 영토 지배자에 대해 국제법적인 요구와 국제법적인 의무 부여를 근거 짓는다(2006:193).

국가승계로 표시되는 최종적인 육지 취득의 경우, 승계의 의미는 고립된 주권적 영토 국가의 관점에서 보면 사태가 명확해진다. 다시 말해 국가 영역은 통치가 펼쳐지는 장場이기 때문에 영토 변경의 경우 통치권의 한 담당자가 정치 무대에서 사라지고 다른 주권적인 담당자가 무대에 등장하는 것이다. 새로운 영토 지배자가 획득된 육지에 대한 영토주권을 승계하는 것, 다시 말해서 유럽 안에서의 육지 취득은 문자 그대로 이전의 영토주권이 실효적으로 폐지되고 새로운 영토주권이 실효적으로 개시된다는 사실을 의미한다.

> "최종적인 육지 취득의 경우에는 토지에 대한 이제까지의 지배자는 종국적으로 물러나 있다. 즉 그는 모든 것을 양도한 것이다. 고립된 국가주권을 지향하는 사상에 있어서는 뒤를 잇는 취득자에 대하여 자유로운 길을 열어 주는 것은 영토로부터의 기존 통치자의 퇴각과 통치권의 양도이며, 이를 통해 새로운 영토 지배자는 원초적 취득자로 새로이 등장한다"(2006:194).

하지만 실제 현실에서 육지 취득과 관련한 국가승계 문제는 생각만큼 단순하지 않다는 게 슈미트의 판단이다. 왜냐하면 육지 취득과 관련한 영토 변경은 해당 당사국뿐만 아니라 제3국, 그러니까 주변국들과의 문제를 야기할 수밖에 없기 때문이다. 유럽 안에서의 영토 변경은 이전의 영토 지배자뿐만 아니라 새로운 영토 지배자까지도 역시 구속하는 포괄적 공간질서의 틀 안에서 이루어지는 관계로 양자가 이전에도 이후에도 동일한 공간과 공통의 질서에 소속되어 있다는 사실로부터 설명되는 하나의 연속성 속에서 발생하는 것이다. 따라서 영토 변경과 관련한 유럽 내 육지 취득은 현존하는 공간질서의 틀 내에서 발생하지 않을 수 없기 때문에 국제법적으로 제도화할 필요가 있다.

슈미트는 육지 취득에 관한 국가승계 문제가 유럽 국제법의 맥락에서 어떻게 작동하는지에 관해 핀란드가 소유한 올란드섬Åland Island의 비요새화 사례를 들어 설명한다. 이 설명의 핵심은 유럽이라는 구체적 공간에서 국제법이 만들어지고 실질적으로 작동하는 방식에 관한 것이다. "육지 취득과 관련한 유럽 공법의 문제를 고찰할 때 본질적인 것은 공간관점이다. 그것은 올란드섬의 비요새화 사례를 통해 놀랄 만큼 명료하게 관철되어 있다"(2006:196).

국제연맹이사회는 연맹 규약 제11조를 원용하여 올란드섬 문제에 관여하면서 그 일환으로 연맹 내 법률가위원회에 권고적 의견을 요청했다. 법률가위원회는 1920년 9월 5일 보고에서 해당 섬의 취득국인 핀란드는, 그 의무가 유럽 공동의 법의 구성 부분이라는 이유를 들어, 1856년 파리평화조약을 통해 이전 섬 보유국이었던 러시아에 의해 인수된 올란드섬의 비요새화에 관한 조약상 의무에 구속된다는 결론에 도달했다.

올란드섬의 비요새화를 근거 지은 1856년 파리평화조약은 러시아에게 올란드섬에 대한 비무장 의무를 부과했다. 영국, 프랑스, 러시아 등 세 열강이 비준한 파리평화조약은 조약문 안에 '일반적인 평화의 혜택을 확고히 하기 위하여'라는 구절을 포함시켰다. 이 표현이 지닌 정치적 의미는 올란드섬의 비요새화를 집단조약의 성격을 띤 파리평화조약의 불가결한 구성 요소로 명시했다는 사실에 있다.

슈미트는 유럽 열강의 일반적 집단조약으로부터 나오는 것과 같은 어떤 성질을 가진 의무의 경우에는 유럽 공동의 법을 원용하는 것 자체가 가능하다고 말한다. 올란드섬과 같이 발트해에 대한 해상지배를 위해 중요한 요충지에 대한 비군사화 문제와 관련하여 유럽 공통의 법을 언급하는 것이 의미가 깊었다. 문제시되고 있는 사안이 특수한 이해가 아니라 집단적 이해, 다시 말해 유럽 열강들이 담지하고 있는 포괄적인 유럽의 공간질서의 문제였다는 이유 때문에, 유럽 공법은 결정적인 관점으로 작용했다(2006:196).

지금까지 논의한 육지 취득과 관련한 국가승계 문제는 오직 유럽 지역에만 적용될 뿐이다. 다시 말해, 유럽 공법이라는 공간적 질서와 관계할 뿐 기타 지역에는 적용되지 않는다. 슈미트에 따르면, 유럽 공법은 유럽 문명이라는 공통의 기반을 통해서만 형성되고 작용할 수 있기 때문이다. 따라서 슈미트는 육지 취득 또는 영토 변경의 일반원칙과 관련해서 문명의 유럽과 야만의 비유럽을 구분 지어 설명한다.

유럽 안에서 발생하는 영토 변경은 문명화된 유럽에 적용되는 국제적인 자유시장질서, 공법과 사법의 구별, 그리고 자유주의적 입헌주의를 보장하고 유지한다는 전제하에 진행된다. 헌법적으로 관점에서 보았을 때, 유럽 국제법 질서에 속해 있는 국가들만이 공법과 사법, 국가와 국가로부터 자유로운 시민사회의 특정 관계라는 공통성을 지니고 있기 때문이다. 이러한 헌정 기준은 모든 유럽 문명국가에 공통된 것으로 영토 변경에 관련되어 있는 모든 국가에 있어 기본적으로 승인된 것으로 전제할 수 있다. 따라서 결정적으로 중요한 관점은 유럽 내에서 발생하는 영토 변경의 경우, 사회 질서와 소유 질서라는 의미에서의 헌정 체제의 변화는 아니었다는 사실이다.

"소유 질서는 국제법 질서의 일부이다. 그것은 국가들 상호 간의 관계적인 생활의 실제에서 개별 문제만큼이나 중요하며, 외관상으로는 그렇게도 절대적으로 보이는 국가주권에 관한 표현법보다 더 강하게, 그리고 외관상으로는 그렇게도 결정적인 것으로 보이는 국내적인 것과 국외적인 것의 분리, 그리고 공적인 것과 사적인 것의 분리보다 더 강하게 영토 변경의 실제적인 법적 성격을 규정한다. 공간질서의 일부로서 입헌주의라는 포괄적 기준은 국내적인 것과 국외적인 것을 허구적으로 분리하는 그 어떤 이원론적 이론 구성보다 더 강하게 작용했다"(2006:233).

19세기에는 국가 상호 간의 법과 관련한 영토 변경은 단지 공적인 법적 영역에서의 변경일 뿐이며 경제 질서와 소유 질서의 변경은 아니었다. 슈미트는 만약 해당 영역에서 소유 질서의 급진적인 변경을 수반하는 국가적인 영토 변경이 있었다면, 당시 사람들은 그러한 시도를 공산주의적으로 느꼈을 것이라고 말한다(2006:198). 국제법적으로 국가 영역의 육지 취득이 공적인 통치권의 무대에만 관계하는 한, 육지 취득은 국내적인 사법 영역에 속한 토지 소유권에 대해서는 어떤 영향도 미치지 않았다.

"이러한 일은 그 시대에 있어서는 가장 근본적이었다. 1919년 베르사유궁전에서 체결된 파리평화조약은 독일의 사적 소유권에 대한 심한 간섭을 포함했지만, 대체로 입헌주의적 기준을 준수했다. 그래서 독일의 이해관계를 옹호하고자 했던 사람들은 이를 기초로 하여 충분히 효과적으로 변론을 진행할 수 있었다. 국가가 주권적 힘에 의해서 자유경제 체제가 아닌 다른 경제 체제를 실시할 수 있을 것이라는 발상은 이러한 국제법적 이론 구성의 시야 속에는 아직 등장하지 않았다. '영토를 지배하는 자가 경제를 지배한다'는 명제는 자유경제라는 일반적으로 승인되고 완전히 동등한 경제 체제에 의해 위협받지 않았다. 왜냐하면 국제법 공동체의 모든 국가가 하나의 그리고 동일한 경제적 틀 안에 머물러 있었기 때문이다"(2006:198).

비유럽의 경우 육지 취득에 관한 영토 변경 원칙은 헌정주의 질서를 준수하는 유럽 나라들의 그것과는 다르게 적용될 수밖에 없다고 슈미트는 말한다. 여기서 문명이라는 용어가 키워드로 등장한다. 16세기에서 20세기까지의 유럽 국제법은 유럽의 기독교 국가들을 전체 대지에 대하여 타당한 질서의 창조자와 유지자로 간주했다. 당시 '유럽적'이라는 말은 대지의 비유럽적 부분에 대해서도 질서를 부여할 수 있을 것을 요구했던 규범적 지위Norma-Status를 나타냈다. 요컨대 "문명이라는 말은 유럽의 문명과도 같은 의미였고 이런 의미에서 유럽은 언제나 또한 대지의 중심이었다"(2006:86).

유럽 외부에 존재하는 무주의 식민지 토지의 취득은 소유 질서와 경제 질서에는 손을 대지 않은 채 단지 국가 영역과 관련한 정치적 변경 형태로 진행된 유럽 내부의 육지 취득과는 전혀 다른 문제였다고 슈미트는 말한다. 식민지 토지는 그것이 아직 유럽 국가들 상호 간의 내부법이란 의미에서 어떤 국가에도 속하지 않은 한 자유롭게 선점할 수 있었다. 전적으로 문명화되지 못한 인민들에 있어 원주민 추장의 권력은 결코 통치권이 아니었으며, 원주민에 의한 토지의 사용 역시 정식 소유권으로 간주되지 않았다.

　　"여기서는 논리적으로 일관되게 통치권에 있어서의 권리승계에 관해 이야기를 할 수 없었다. 유럽의 육지 취득자들이 토착 군주 또는 추장들과 계약을 체결하고 어떤 동기로부터 이러한 계약들을 구속력 있는 것으로 간주하는 경우에도 마찬가지였다. 이 경우에도 육지 취득국은, 국가 상호 간의 국제법 질서의 구성원인 문명국의 소속원이 지닌 사적 소유권이 문제가 되지 않는 한, 새롭게 취득한 육지 안에서 발견한 토지에 대한 권리에 관하여 어떤 고려도 할 필요가 없었다"(2006:198-199).

　　경작, 목축 또는 수렵 형태로 존재하는 토지에 대한 원주민의 관계를 소유권으로 인정해야 할지 여부는 전적으로 육지를 취득한 유럽 국가들이 결정할 문제로 간주됐다. 유럽 내에서의 국가승계의 경우, 해당 원주민의 토지에 대한 사적 소유권과 기득권의 도움이 되는 특징을 지니고 있었던 국제법상의 고려들은 식민지 원주민을 위해서는 전혀 존재하지 않았다. 19-20세기의 식민지 육지 취득은 국제법상의 국가들 상호 간의 문제가 아닐 뿐만 아니라 결코 순수하게 국가 내부의 문제도 아니었다. 여기서 식민지 토지의 특수성은, 대지의 토지를 정상적인 국가 영역과 식민지로 분할하는 것과 마찬가지로 명확하게 된다. 그러한 분할은 동시대의 국제법 구조에서는 특징적인 것이며, 또 그것의 공간 구조에 속했다.

"육지를 취득하는 국가는, 획득된 식민지의 육지가 국제법상 통치권에 관해서는 통치자가 존재하지 않은 것으로 간주한 것과 마찬가지로 사적 소유권에 관해서는 획득된 식민지의 육지를 무주의 것으로 취급할 수 있었다. 육지 취득국은 원주민의 토지권을 제거하고 스스로를 전체 토지의 소유자로 선언할 수 있다. 육지 취득국은 원주민 추장의 권리를 인수하고 또 그러한 인수가 진정한 권리승계이건 간에 상관없이 계속해서 이어갈 수 있다. 육지 취득국은 정부의 사적 소유권을 창설할 수 있으며, 동시에 정부소유물에 대한 원주민의 이용권 승인과 결합할 수 있다. 육지 취득국은 국가의 공적인 신탁 소유권을 도입할 수 있다. 육지 취득국은 원주민의 사용권을 존속시킬 수도 있으며 일종의 상급 소유권 창설을 통해 원주민들을 지배할 수 있다"(2006:199).

위에 열거한 사항이 식민지 취득을 위해 유럽국가가 내걸었던 국제법상의 논거인 '실효적 점유Effective Occupation'를 구성한다. 실효적 점유, 다시 말해 국가적으로 고정된 점유의 현상유지는 마침내 19세기에 유일한 육지 취득의 권리 원천이 되었다.

"19세기 후반에 사람들이 '실효적 점유'라고 불렀던 것은 새롭게 취득한 토지를 국제법 질서에서의 승인된 국가적 구성원의 정부 체제와 행정 체제 속에 편입시키는 것 속에 존재했다. 달리 말하면 이러한 종류의 실효적 점유는 특별한 형식의 식민지적인 토지의 지위를 폐지하고 그것을 취득국의 영토로 전환하는 것을 의미했다"(2006:130).

해외의 식민지 토지가 유럽 토지의 의미에서의 국가 영역과 구별 없이 동일한 지위에 놓이게 되는 현상과 비례하여 국제법의 공간 구조도 변화하기 시작했으며 이제까지의 특별한 유럽 국제법 역시 종말을 맞이하게 되었다. 슈미트는 '실효적 점유' 개념에 의거하여 취득한 해외 영토로서의 식민지는 이제 거꾸로 유럽 열강들의 관계에 영향을 미쳐 각종 이데올로기적 부담을 안겨 주었다고 말한다(2006:199).

1885년 베를린에서 개최된 콩고회의를 마지막으로 더 이상 분할할 수 있거나 새롭게 취득할 수 있는 육지인 무주지가 지구상에 존재하지 않게 되었다는 것은 주지의 사실로 받아들여졌다. 그 결과, 단순히 유럽 국제법의 종말뿐 아니라 유럽 전체가 이제까지는 볼 수 없었던 미증유의 총력전 체제로 빠져들어 세계전쟁이라는 인류 최대의 비극을 초래하는 것은 시간문제였다. 이러한 사태 전개는 유럽이 더 이상 문명의 중심이 아닐 뿐만 아니라 유럽에서 벌어진 전쟁을 유럽 스스로의 힘으로 해결할 수 없게 됐다는 사실을 의미했다.

제5장

—

새로운 대지의 노모스

슈미트는 『대지의 노모스』의 마지막 장 제목을 '새로운 대지의 노모스의 문제The Question of a New Nomos of The Earth'라는 일종의 문제제기로 제시한다. 이것은 두 가지 의미를 내포하고 있는 것으로 보인다. 하나는 유럽 중심의 공간질서, 곧 유럽 공법의 국제법의 종말을 기정사실화하려는 의도이다. 다른 하나는 1차 세계대전 이후 미국이 주도한 새로운 대지의 노모스는 국제연맹의 야심찬 목표와 달리 세계평화에 기여하지 못했을 뿐만 아니라 유럽 국제법을 대체하는 그 어떤 의미 있는 공간질서도 만들어 내지 못했음을 주장하려는 것이다. 새로운 대지의 노모스에 대한 슈미트의 회의적 시선과 날카로운 비판은 2차 세계대전 발발의 가장 큰 원인이 국제연맹을 둘러싼 혼란과 무질서, 이를 야기한 전승국들, 특히 미국의 정치적 무책임에 기인하고 있다는 점을 암시한 것이나 다름없다.

『대지의 노모스』는 1950년에 정식 출간됐다. 하지만, 2차 세계대전을 전후한 국제정세와 종전 후 상황에 대해서는 다루지 않는다. 즉, 『대지의 노모스』에는 1945년 2월, 미·소 간에 체결한 얄타협정부터 20세기 후반 사회주의권 붕괴로 막을 내린 탈냉전에 이르기까지 미국과 소련이라는 두 초강대국이 주도한 냉전 질서에 대한 분석은 제외되어 있다. 슈미트는 1985년 96세를 일기로 타계했다. 2차 세계대전 이후의 세계 질서를 '대지의 노모스'라는 구체적 공간질서의 관점에서 충분히 설명할 수 있는 시간적 여유가 있었음에도 불구하고 어찌된 일인지 대지의 노모스의 시각에서 냉전기를 고찰한 저술은 찾아볼 수 없다. 필자는 '에필로그'에서 시론 수준에서나마 냉전과 탈냉전 이후의 세계를 '대지의 노모스'라는 구체적 공간질서의 관점에서 살펴보려 한다.

슈미트는 새로운 대지의 노모스의 문제를 크게 세 가지 주제로 나누어 분석한다. 첫째, 새롭게 정복하거나 실효적으로 점유할 수 있는 무주지의 종식, 둘째, 최후의 지구 경계선으로서의 서반구라는 용어가 지닌 국제법적 맥락, 셋째, 새로운 대지의 노모스로서의 국제연맹의 등장 및 그에 따른 전쟁과 공간의 의미 변화가 바로 그것이다. 이러한 세 가지 주제는 인과론적으로 맞닿아 있다. 슈미트가 유럽 국제법 시대의 종말이 1차 세계대전의 가장 큰 원인이며 전쟁의 결과로 탄생한 국제연맹의 실패가 2차 세계대전으로 가는 초석을 놓은 것으로 간주한 점은 주의 깊게 분석할 필요가 있다.

1. 최후의 육지 취득과 유럽 공법의 해체

구체적 공간질서를 기반으로 하는 슈미트의 광역사상, 곧 '대지의 노모스'의 관점에서 유럽 국가들이 취득할 수 있는 무주지가 지구상에 더 이상 존재하지 않게 됨에 따라 300년가량 지속한 유럽 국제법은 종언을 맞이했다. 결국 이러한 상황이 유럽전쟁으로 가는 길을 열었다고 할 수 있다. 요컨대, 슈미트의 구체적 공간질서에서 유럽 국가들이 새롭게 취득할 수 있는 주인 없는 땅, 소위 '무주지의 유무'가 유럽 국제법의 미래와 깊은 함수 관계를 맺고 있다.

19세기 말, 유럽 열강들은 무주지를 차지하기 위해 사활을 건 투쟁을 벌였지만, 무주지를 둘러싼 갈등을 해결하기 위해 전쟁보다는 대규모 회의나 평화조약에 의존했다. 여기서 근본적 문제는 무주지 자체가 지구상에 더 이상 존재하지 않게 되었다는 것이다. 무주지를 둘러싼 유럽 국가의 경합은 최후의 육지 취득회의라 할 수 있는 베를린에서 개최된 '콩고회의'(1884-1885)에서 그 절정에 달했다.

콩고회의에는 독일, 오스트리아-헝가리 제국, 벨기에, 덴마크, 스페인, 미국, 프랑스, 영국, 이탈리아, 네덜란드, 룩셈부르크, 포르투갈, 러시아, 스웨덴과 노르웨이, 오스만 제국 등이 참여했다. 회의 의장은 독일 제국의 수상 비스마르크가 맡았다. 회의 결과, '콩고 의정서Congo Act'가 채택됐다. 슈미트는 '콩고 의정서'를 "문명, 진보와 자유무역에 대한 신념이 깨어지지 않았다는 것을 보여 주며, 아프리카 대륙의 무주지에 대한, 즉 유럽의 선점에 개방되어 있는 토지에 대한, 유럽의 주장을 보여 주는 마지막의 주목할 만한 문서"(2006:216)로 정의한다.

유럽 국가들은 무주지의 취득을 개화와 진보, 그리고 문명의 전파라는 관점에서 정당화했다. 그러한 세계관을 가장 잘 나타내는 사례로 국제콩고회사를 창립하여 사유화한 벨기에 국왕 레오폴드 2세는 다음과 같이 말했다. "문명이 아직 침투하지 못한 지구의 유일한 지역에 문명을 열어 주는 것, 전 주민을 덮고 있는 암흑을 완전히 깨뜨리는 것, 본인은 이를 감히 이러한 진보의 시대에 수행할 가치가 있는 십자군으로 부르고자 합니다"(2006:216-217). 회의 결과는 종종 아프리카 국제법으로 불렸는데, 주된 목표가 아프리카를 유럽의 고도의 감시체제 아래 두는 것이었기 때문이다.

콩고회의는 유럽 열강이 주도한 육지 취득회의라는 점에서는 유럽적이었지만, 그 회의가 더 이상 유럽적이지만은 않았다는 점에서 '최후'라는 이미지가 더 확실하게 부각된다. 유럽 외부에 존재하는 서반구의 신흥 강대국 미국이 극히 실효적인 방식으로 회의에 관여했기 때문이다. 미국은 이미, 1848년 국제승인을 받은 라이베리아 흑인공화국을 통해 아프리카에서 확실한 거점을 마련했다. 콩고회의 석상에서도 미국의 영향력은 무시할 수 없었다. 콩고 분지에 대한 중립화 문제에서 특히 그러했다.

미국은 '콩고 의정서'를 비준하지 않았다. 1914년 1차 세계 대전 당시, 콩고 분지의 중립화 문제가 현실 쟁점이 되었을 때도 그 어떤 협조도 거부했다. 슈미트에 따르면, 콩고회의에서 미국이 보인 정치적 태도에서 이미 유럽 문제에 관한 미국의 '공식적 부재absence in principle'와 '실효적 현존presence in practice'이라는 주목할 만한 모순이 나타났고, 그 모순은 1차 세계대전 이후에 한층 두드러졌다(2006:217).

콩고회의가 끝난 뒤 마침내 다시 한번 적나라한 사실로서의 실효적 점유, 영토 합병을 통한 식민지만이 육지 취득을 위한 유일하게 승인된 법적 권리 원천임이 확인되었다. 역사적으로 보면 19세기의 이러한 중앙아프리카에서의 육지 취득의 시기는 16-17세기 영웅시대의 에필로그에 불과하다고 슈미트는 말한다.

"문명과 진보에 대한 신념은 이데올로기상의 외관으로 전락했다. 19세기의 식민지회사에서 나타나고 있는 17세기의 무역회사들의 르네상스는 기껏해야 사후의 낭만주의적 조명만을 만들어 낼 뿐이다. 그 모든 것은 이익권과 세력권에 대한 분할선과 실패한 우호선의, 이미 완전히 어쩔 도리가 없는 혼합이었으며, 유럽 중심적인 것으로 간주되고 있지만 실제에 있어서는 영토적 경계를 넘어서는 자유로운 세계경제에 의해 덮이고 묻혔다. 이러한 혼란 속에서 유럽에 의해 규정된 낡은 대지의 노모스는 사라져 버렸다"(2006:226).

같은 이유에서 슈미트는 1890년에서 1918년까지를 유럽 국제법의 해체 시기로 정의한다. 1885년 콩고회의를 통해 유럽 국제법은 적어도 중앙아프리카의 토지에 대해서는 협력을 가능하게 했지만, 그로부터 직접적으로 뒤따르는 문제인 이집트, 모로코, 리비아와 에티오피아라고 하는 북아프리카 토지에 대한 취득 문제에 대해서는 더 이상 유럽적 통일성을 유지하는 게 불가능했다. 여기에 더해서 1885년의 콩고회의 때까지는 자신감에 차 있던 유럽 중심의 국제법에 있어 이상한 일로 여기지 않을 수 없었던 하나의 사건이 발생했다. 그 사건이란 1884년 4월 22일, 벨기에 국왕 레오폴드 2세가 개인적으로 설립한 '콩고국제협회'를 미국이 국가로 승인한 것을 말한다. 이 사건은 아프리카 토지상에 국가 승인 문제에 관련한 신개념을 도입하는 계기가 되었고 선례로 남게 됐다. 미국이 '국제콩고협회'를 국가로 승인한 행위는, 유럽 국제법의 영향 하에 있던 당시로서는 하나의 주변적 사건으로 치부되었을지 몰라도, 사실 그것은 이제까지 특별한 지위를 누려 왔던 유럽 그 자신도 자각하지 못한 사이 유럽 국제법의 권위가 해체되어 가고 있었음을 보여 주는 징후와도 같은 사건이었다.

> "유럽 공법이 무차별적인 보편적 형태의 국제법으로 몰락하는 사태는 더 이상 저지될 수 없었다. 일반적, 보편적인 것으로의 해체는 동시에 이제까지의 전 세계적인 대지의 질서의 파괴이기도 했다. 수십 년 동안 이른바 '보편적으로 승인된 규칙'이라고 하는 공허한 규범주의가 그 자리를 대신했는데, 그러한 규범주의는 이제까지 통용되었던 열강들의 구체적 질서가 몰락했다는 사실을, 그리고 새로운 질서는 아직 발견되지 않았다는 사실을 사람들로 하여금 이해하지 못하게 했다"(2006:227).

2. 서반구라는 경계선의 등장과 새로운 대지의 노모스

유럽 국제법의 해체를 향한 최초의 그림자는 서반구에서 드리워졌다. 서반구라는 경계선을 통해 전 지구적인 세계상을 지닌 유럽 중심적 경계선에 대하여 더 이상 유럽 중심적이지도 않고 반대로 유럽의 과거를 문제 삼는 하나의 새로운 세계적 경계선이 대치對峙했다. 서반구라는 새로운 경계선의 공식적인 국제법적 역사는 1823년 12월의 먼로주의의 공표와 더불어 처음으로 시작됐다.

워싱턴 대통령의 '고별연설'(1796)에서는 아직 지리적으로 특정된 서반구에 대한 언급이 등장하지 않았다. 그 연설은 유럽과는 다른, 공화주의 연방국가로서의 미국의 예외적 특성과 이로부터 유럽의 정치문제에 관여하지 말 것을 당부하는 내용이 주를 이뤘다. 이에 반해 1823년 12월 2일의 먼로 대통령의 교서에는 '서반구'라는 단어가 완전히 의도적으로, 그리고 특별히 강조된 형태로 담겼다. 먼로 독트린은 자국의 영향력이 행사되는 고유 공간을 아메리카 대륙이나 서반구로 지칭했다.

의도했건 의도하지 않았건 간에 서반구라는 표현은 자유로운 정치체제로서의 미국 공화정이 절대군주제라는 당시 유럽의 정치체제와 대립한다는 사실과 관련되어 있었다. 슈미트는 먼로 독트린 발표 이후 먼로주의와 서반구는 둘이 합하여 하나의 전체를 형성했다고 말한다. "그 둘은 미국의 특수이익special interests이 발현되는 지리적 공간을 표시했다. 그것은 국가 영역을 훨씬 넘어서는 공간으로서의 '광역廣域', 다시 말해 국제법적 맥락에서 보았을 때 문자 그대로의 '광역'을 나타냈다"(2006:281).

미국이 선언한 서반구 경계선은 스페인과 포르투갈의 가톨릭 선교 경계선을 확정 지은 라야도 아니었으며 육지와 자유해의 국제법적 경계를 확정함으로써 영국의 해양 패권의 기반이 된 우호선도 아니었다. '라야'나 '우호선' 등 이제까지 명명한 모든 지구 경계선은 유럽 열강의 육지 취득과 관련되어 있었다. 이에 반해 1823년의 먼로 대통령의 교서에 등장한 서반구라는 아메리카의 경계선은 유럽의 육지 취득 청구권을 거부했다.

"서반구 경계선은 아메리카 측에서 볼 때는 일단 방어적 성격을 지녔으며, 아메리카의 토지에 대한 더 이상의 유럽의 육지 취득에 대항하는, 구 유럽 열강을 향한 항의 표시였다. 그렇게 함으로써 그 경계선은 미국에 고유의 육지 취득을 위한 자유로운 무대, 즉 당시 아직도 엄청난 면적이 소유자가 존재하지 않았던 서반구 토지에 대한 미국의 내부적인 육지 취득을 위한 자유로운 무대를 만들어 낼 뿐이라는 사실은 쉽게 알 수 있었다"(2006:353).

슈미트는 미국의 먼로 독트린이 구체제Ancient Regime로 불린 절대군주제적 유럽에 대항하고자 했을 뿐 서반구라는 경계선 표명만으로 유럽 문명의 영역에 속하며 본질적으로 유럽적이었던 당시의 국제법 공동체에서 이탈하게 되는 사태까지 원하지는 않았다고 말한다.

"1796년의 워싱턴 대통령의 고별연설도 1823년의 먼로 독트린도 유럽과는 다른 별도의 국제법을 창설하는 것을 의도하지 않았다. 미국인들의 욕구는 처음부터 스스로를 유럽 문명과 유럽 국제법의 대표자가 되는 것으로 향했다. 당시 수립되고 있었던 중남미 국가들 역시 스스로를 자명하게 '유럽 국가군'과 그들의 국제법 공동체에 속하는 것으로 간주했다. 19세기에 출간된 미국의 국제법 교과서들 역시 특수한 아메리카의 국제법에 대해 말할 때조차 이러한 주장을 유럽의 국제법에 비추어 설명하는 것을 당연하게 여겼다"(2006:286-287).

미국은 신대륙에 대한 유럽 열강의 간섭에 대한 반대를 표명했을 뿐 그 밖의 영역에서는 여전히 유럽 중심의 국제법인 만국공법 체제를 수용했을 뿐만 아니라 국제 열강들 사이의 이익을 조정하는 국제회의는 물론 세력균형에도 참여했다. 유럽 국제법의 교과서라 할 수 있으며 중국, 일본, 한국 등 동아시아 국가들의 국제인식 및 외교정책에 지대한 영향을 미친 『만국공법』의 원저인 『국제법의 구성 요소_Elements of international law_』가 미국인 헨리 휘튼_Henry Wheaton_에 의해 1836년 첫 출간된 사실을 상기하면 이러한 사실을 쉽게 이해할 수 있다.

1차 세계대전 발발, 전승국들만의 베르사유 조약 체결, 그에 이은 국제연맹 창설이 기존의 국제질서를 송두리째 흔들었다. 300년가량 이어 온 유럽 국제법 시대는 붕괴했으며, 미국이 주도하는 국제법 시대가 개막한 것이다. 우리는 이러한 극적인 역사적 과정을 국가 승인 문제에 관한 국제법상의 의미 변화 및 국제연맹 창설에 따른 전쟁의 의미 변화를 중심으로 살펴보고자 한다.

3. 국가 승인에 관한 국제법상의 의미 변화: '불승인주의'

슈미트는 국제법을 연구하고 고찰하는 데 있어 국가 승인의 문제를 짚고 넘어가는 것이 대단히 중요하다고 말한다. 그에 따르면, 국제법상의 승인의 의미는 1차 세계대전을 전후하여 중대한 변화를 경험했다. 이 변화 안에 국제법상의 공간질서의 구조 변화가 반영되어 있다(2006:298).

유럽 공법에 기초한 국제법에 따르면, 다른 국가와 다른 정부에 대한 승인은 완전한 평등성과 호혜주의에 입각하고 있으며, 전쟁의 경우에 있어 정당한 적으로서의 승인을 포함한다. 국제법상의 모든 승인은 본질적으로 승인을 행하는 나라가 영토 변경과 새로운 체제를 인정했다는 사실의 표현이다. 따라서 이러한 형태의 승인은 기존 공간질서에 기반하거나 새롭게 창설된 공간질서와 충분히 양립 가능하다.

"안정의 시대에는 비교적 확고한 관습과 법 제도가 완성된다. 변화의 시대에는 법률상의 승인을 포함한 전체 구조가 사실상의 승인으로 이행하며, 고립과 간섭의 딜레마가 전 세계적 차원에서 나타난다. 미국 정치가들과 법률가들은 국제법을 실행에 옮기는 과정에서 승인recognition 개념을 모든 사태, 모든 사건, 모든 전쟁과 모든 영토 변경으로, 확장할 수 있는 일반적 허가 행위로 전환시켜 버렸다"(2006:298).

미국은 승인과 관련한 국제법상의 관행 변화를 '불승인주의'라는 외교정책을 통해 공식화했다. 이 정책은 1932년 일제가 설립한 만주국을 창설 과정의 합법성과 정당성을 문제 삼아 정부 승인을 유보했던 당시 국무장관 스팀슨이 공표한 '스팀슨 독트린'에서 유래했다. 스팀슨 독트린의 정신적 토대는 윌슨 대통령의 평화14개조 선언을 통해 이미 마련되어 있었다.

외국 정부의 승인 문제와 관련하여 기존의 유럽 국제법은 하나의 확실한 균형을 찾아냈으며 국가와 정부에 대한 국제법상의 승인을 일종의 법 제도로 완성했다(2006:304). 그러한 법 제도에서는 조약 상대방에 대한 승인국의 이익을 고려했을 뿐만 아니라 다른 한편으로는 다른 국가의 내부적인 헌법 사항에 대한 불개입 원칙 또한 고려했다. 유럽 내에서는 19세기 말에 이르기까지 승인은 언제나 국가들이라고 하는 가족에의 수용으로, 단체에 대한 가입 허가로 통용되었으며 따라서 일종의 창설 행위로 받아들여졌다.

유럽 국제법의 구체적 질서가 붕괴되는 것에 정확히 비례하여 승인과 관련된 창설적 성격에 대한 의식을 상실했으며, 모든 국제법상의 승인에 내포되어 있는 공간적 요소 역시 더 이상 주목받지 못했다. 정부 승인 문제에서 유럽 국제법의 행위는 허용될 수 없는 간섭과 실질적으로 불가능한 모든 법적 태도 표명의 포기 사이에 존재하는 어려운 중간선을 고수하려 했다. 1917-1924년 사이에 소련이 보여 준 모순에 가득 찬 태도에서 승인 문제는 새로운 세계 질서의 관건이 되는 문제라는 사실이 증명됐다. 그것은 새로운 세계의 실상을 폭로했다. 즉 동유럽에서 소련이라는 새로운 광역국가의 출현, 유럽 국제법 공동체의 완전한 해체, 아직도 고립과 간섭의 딜레마 속에서 동요하고 있는 서반구, 그리고 어찌할 바를 모르며 무기력한 국제연맹이 바로 그것이다(2006:305).

아메리카 대륙에서는 19세기 유럽의 문제점이 확대되고 거칠어진 모습으로 나타날 만큼 간섭과 불간섭의 대립이 직접적이고 명확하게 드러났다고 슈미트는 말한다. 중앙아메리카에 위치한 코스타리카, 과테말라, 온두라스, 니카라과, 엘살바도르 등의 나라들은 1907년 12월 20일 협정을 맺었는데, 그 협정의 기초를 이뤘던 일명 '토바르주의'는 쿠데타나 혁명에 의해 권력을 손에 넣은 다른 국가의 어떤 정부도 자유선거에 의해 구성된 의회를 통해 합헌적으로 조직되지 않는 한 승인되어서는 안 된다는 관점을 채택했다. 그럼으로써 합법성과 정통성이라는 민주적 발현 형태가 국제법상의 기준으로 선언되었다(2006:379-380).

이와는 반대로 아메리카의 토지 위에서는 모든 국가의 독립성을 원용하여 그와는 급진적으로 대립하는 이론 구성이 등장했다. 그러한 이론 구성에 의해서 국제법상의 승인은 이미 그 자체가 허용될 수 없는 국제법적 간섭의 수단으로 선언되어 배척된다. 이러한 관점은 일관된 안티테제로서의 변증법적 가치를 지니며 그것이 권력정치적으로는 무력한 제스처가 되어 버리는 경우에도 역시 그 가치를 유지한다. 그것이 멕시코의 소위 '에스트라다주의' 속에 표명되어 있는 견해이다.

에스트라다주의는 필연적으로 그러한 종류의 모든 승인을 국제법에 반하는 것으로, 이른바 승인되어 있는 국가나 이미 승인을 득한 정부에 대한 모욕으로 간주하며 이러한 근거에서 거부하는 데까지 나아간다. 그에 의해 국가들, 정부들, 내전 당사자들 사이의 모든 상호적인 국제법적 관계는 그때마다의 순수하게 사실적인 성질의 순전한 개별 관계가 된다. 법률상의 모든 승인은 소멸하며 사실상의 모든 승인도 소멸한다. 사실상의 관계만이 남을 뿐이다. 여기에 이미 국가 혹은 정부와 같은 중앙집중적 조직형태의 전 세계적 승인관행에 대한 대립이 표명되어 있다(2006:380-381).

슈미트에 따르면, 서반구에서 민주적 합법성을 국제법상의 원칙으로 고양시킨 인물은 바로 윌슨 대통령이었다. 그에 따르면 민주적 헌법을 채택한 합법적 정부만이 승인될 수 있다. '민주적'이라는 말과 '합법적'이라는 말이 구체적으로 의미하는 것은 실제로는 승인을 부여하는 정부 자체에 의해, 따라서 이 경우에는 미국 정부에 의해 정의되고, 해석되며 재가된다는 것은 자명한 일이었다.

"확실히 미국의 신정부 승인의 이론과 실천은 개입주의 성격을 띠었다. 그러한 실천은 서반구에서는 워싱턴 정부가 다른 아메리카 국가의 헌법 변경이나 정부 변경을 실효적으로 통제할 수 있다는 결과를 낳았다. 미국이 서반구, 즉 아메리카 대륙에만 제한되어 있는 한 그러한 결과는 오직 서반구라는 광역에만 영향을 미쳤다. 하지만 미국이 국제적 개입주의라고 하는 전 세계적 주장을 제기하자마자 그것은 지상의 다른 모든 국가에도 영향을 미치기 시작했다"(2006:380).

전형적이며 특별한 수단으로서의 개입은 국제법상의 승인과 불승인이라는 일반적 개념으로 한발 더 나아갔다. 따라서 이러한 형태의 승인 또는 불승인 문제는 유럽 국제법상의 실천이라고 하는 전통적 의미에서의 신국가와 신정부에 대한 승인에만 관계되는 것은 아니다. 슈미트는 승인 또는 불승인은 통상적으로 중요한 것으로 간주되는 현상 변경, 특히 모든 영토 변경에 대한 법적 태도 내지 외교정책상의 의사표명이라는 관점에서 찬성과 반대를 나타내게 되었다고 말한다 (2006:306).

이러한 방식의 법적 태도 및 정책표명은 '불승인주의'로 명명된 '스팀슨 독트린'을 통해 최초로 표현됐다. 스팀슨 독트린은 법률적으로는 '부전조약'으로 더 잘 알려진 1928년의 켈로그·브리앙협정과 연결되어 있으며, 최초로 문서화된 것은 일본이 만주국을 설립한 1932년의 일이었다. 그에 따라 미국 정부는 전 세계에 대하여, 비합법적인 힘에 의해 생겨난 점유 변경에 대해 '승인'을 거부할 권리를 갖게 되었다. 요컨대, 스팀슨 독트린의 핵심은 서반구와 동반구, 유럽과 아시아의 구별을 무시한 채 미국이 지상의 모든 영역 변경의 정당성이나 부당성에 관한 결정을 내리겠다는 보편주의적 주장을 제기한 것을 의미했다(2006:306-307).

대지의 어느 지점에서의 사건도 미국과 관계가 있을 수 있다. 유럽 공법의 실제는 국가적 충돌을 세력균형 체제의 틀 속에서 파악하려고 하였다. 이제 그러한 충돌은 유럽이 아닌 세계의 단일성이라는 이름 아래 보편화되었다. 스팀슨 국무장관 자신도 만주에서의 충돌이라는 상황과 관련하여 "부전조약이나 국제연맹규약, 무엇보다 스팀슨 독트린이라는 새로운 관점이 아니었다면 우리와 멀리 떨어져 있는 만주에서의 거래는 이제까지의 국제법에 따라 미국과 무관했을지도 모른다"고 언급했다. 그러나 이제 스팀슨 독트린이라는 새로운 관점 아래 미국이 세계의 모든 중요한 정치적·사회적·경제적 사건들에 미치는 개입을 정당화할 수 있게 됐다(2006:307). 1932년 8월 8일의 스팀슨의 진술 역시 이러한 관점을 잘 보여준다.

"전쟁은 불법적인 일입니다. 그에 따라 어떤 두 나라가 교전을 벌일 때, 일방 혹은 쌍방 모두를 부전조약이라는 일반조약법의 위반자이자 범죄자로 간주해야 합니다. 우리는 더 이상 교전국가에 관하여 순환논법을 적용하지 않을 것이며 세세하게 격식을 따지는 결투자들의 의례로 취급하지도 않을 것입니다. 그 대신, 우리는 그들을 범죄자라 규정할 것입니다"(2006:307).

슈미트는 이 대목에서 1861년의 슈어드 국무장관의 말을 상기하는 것이 대단히 의미 있는 일로 여겨진다고 말한다. 남북전쟁 당시 남부연합은 독자적인 국가 창설을 선포하고 유럽의 승인을 획득하기 위해 외교특사를 파견했다. 특히, 최강국 영국의 승인을 받는 것이 결정적으로 중요했다. 링컨 행정부의 슈어드 국무장관은 프란시스 애덤스 주영 미국대사에게 보낸 훈령을 통해 남부연합의 외교적 승인 저지를 위해 총력을 기울일 것을 촉구하며 다음과 같이 주장했다. 슈어드 국무장관의 주장을 한 세기가 지난 후 '베트남전쟁'과 같은 문제에 대한 미국의 입장과 비교해 봤을 때 큰 차이가 있음을 알 수 있을 것이다.

"지금 이 나라에서 발생하고 있는 합법적으로 창설하거나 수립된 정부를 전복하려는 무장반란 사태는 특이한 일이 아니며 모든 나라에서 흔한 일이고, 이곳보다는 영국에 더 자주 있는 일이다. 물론 이 경우 모든 다른 정부가 필연적으로 무력을 동원하는 것과 마찬가지로, 미국 정부 역시 반란을 진압하기 위해 무력을 동원한다. 그러나 이러한 일이 미국의 주권을 침해하며 교전단체를 창설하는 것과 같은 전쟁상태, 다시 말해 제3국으로 하여금 그들 사이에 개입한다거나 또는 중립국처럼 행동한다거나 또는 그 밖의 어떠한 방법으로건 일시적으로 혼란을 겪고 있는 국민에 대한 제3국의 의무를 벗어 던질 권리를 부여하는 상황을 구성하는 것이 아님을 분명히 밝혀 둔다"(2006:303-304).

결국 슈어드 국무장관의 입장은 유럽 국제법의 핵심을 미국의 관점에서 천명한 것과 다름없다. 슈어드의 주장을 요약하면, 미국에서 발생한 군사 분쟁은 교전 당사국 간 행위인 전쟁이 아닌 남부 주에 속한 일부 반란세력이 미합중국의 정당성에 도전한 특수 정치문제이기 때문에 영국 정부는 국제법 및 미국과 체결한 조약의무에 따라 미국 정부를 지지하고 지원할 수 있을 뿐이다. 동일한 이유로 슈미트는 자신의 논지를 계속 전개하는 데 있어 슈어드 장관의 다음 진술이 고려할 가치가 있다고 말한다.

"위에서 밝힌 원칙 외에 다른 원칙은 이 세상 모든 정부를 우연하며 변하기 쉬운 것으로 해체할 것이며 결국에는 인간 사회를 영원한 전쟁상태로 내몰 것이다"(2006:304).

남북전쟁이 개시될 무렵, 미국은 고립적이며 방어적 위치에 있었다. 이에 반해 1932년의 스팀슨 선언은 '불승인주의'라는 정책을 새로운 개입주의의 토대 위에 놓고 있다. 스팀슨 국무장관은 웨스트포인트의 사관생도 앞에서 행한 1941년 6월 9일의 강연에서 미국 특유의 공간관념을 표현한 적이 있다. 스팀슨은 이곳에서 현재의 세계가 1861년 남북전쟁이 개시될 당시보다 더 크다고 할 수는 없으며, 그 당시 미국은 이미 북부와 남부가 전쟁을 벌이기조차 너무 작았다고 말했다(2006:308). 슈미트는 스팀슨의 이 발언이 대지의 새로운 노모스라는 관점에서 보았을 때 의미심장한 언급이라고 말한다.

"그것은 특히 영토를 지배하는 자가 경제를 지배한다는 명제와 그러한 명제의 고도로 현대적인 전환인 경제를 지배하는 자가 영토를 지배한다는 명제를 상기할 때 중요한 확인이다"(2006:308).

정리하면, '영토를 지배하는 자가 경제를 지배한다'는 명제가 유럽 국제법을 상징했다면 '경제를 지배하는 자가 영토를 지배한다'는 명제는 미국이 주도하는 국제법 시대, 새로운 대지의 노모스의 상징이 될 것이라는 주장이다.

4. 국제연맹과 대지의 공간질서 문제

1차 세계대전이 끝나자 한편으로 유럽에 대항해 그어진 서반구라는 분할선의 배후에 있는 명백한 고립화와 다른 한편으로 지구 전체를 포괄하는 보편주의적이고 인도주의적 개입 가운데 태도를 결정할 수 없던 미국 특유의 동요가 명확하게 드러났다. 이러한 사태 전개는 1919년의 파리평화회의에서 숙명적인 정점에 도달했다. 윌슨 대통령의 운명이 이 사태를 상징적으로 표현하며, 새롭게 도래할 국제법의 시대는 그에 의해 특징 지어졌다. 이 시기의 최종적 결과는 모든 측면에서 동일하다. 즉 전승되어 온 특별한 유럽 국제법의 종말과 그에 의해 이뤄진 전쟁의 제한이 입각하고 있었던 모든 대지의 공간질서의 종말이다.

"1890년경까지는 국제법이란 것은 특수한 유럽 국제법이라는 견해가 지배적이었다. 그것은 유럽 대륙에서는 완전히 자명한 사실이었다. 실로 이론상의 일반 개념들과 외교관들의 어휘를 규정하고 있었던 인류, 문명, 진보와 같은 관념들이 바로 그러한 것이다. 그러나 바로 그러한 사실에 의해 그러한 전체상은 무엇보다도 먼저 전적으로 유럽 중심적인 것으로 남아 있었다. 왜냐하면 사람들은 인류라는 말을 일차적으로 유럽의 인류로 이해했으며, 문명은 당연히 유럽의 문명을 의미했고 진보란 이러한 문명에로의 단계적인 발전이었기 때문이다"(2006:228).

특수하게 유럽적인 것으로부터 일반적 보편적인 것으로의 무공간성으로 나아간 그러한 확장과 연장은 당시 19세기 말경에 유럽의 저자들 역시도 그들의 국제법에 대한 저작들을 이제 더 이상 유럽 국제법의 교과서라고 부르지 않고 단순하게 국제법이라고만 부르는 것으로 옮겨 갔다는 사실 속에서 잘 드러났다. 그것은 이 시기 이후에는 일반적, 통상적으로 되었으며 이제 더 이상 어떠한 구체적 공간질서도 국제법의 이름 아래 법학적으로 다뤄지지 않게 됐다. 이 상황은 1차 세계대전 이후 창설된 국제연맹의 붕괴 과정과도 직결된다. 슈미트에 따르면, 국제연맹이 실패한 진정한 원인은, 국제연맹에는 구체적 공간질서를 확립하려는 결단을 결여했을 뿐만 아니라 더욱이 어떤 공간적 질서사고도 완전히 결여했다는 사실에 그 근거를 두었다.

국제연맹의 기획은 유럽의 질서이고자 하는 것과 보편적이며 전 세계적인 질서이고자 하는 것을 동시에 원했다. 유럽의 두 강대국, 더욱이 중부 유럽의 강대국이던 오스트리아와 독일이라는 1차 세계대전의 패전국들이 영토 분할을 대가로 지불했다는 점에서 국제연맹은 특별히 유럽적이었다. 국제연맹은 그 창설자와 완성자인 미국 대통령 윌슨의 이념과 해양제국으로서 영국이 추구하던 세계를 포괄하는 대양적 이해관계를 반영했다는 점에서 보편적이고 전 세계적이었다. 유럽적 특수성과 미국적 일반성이 혼종을 이룬, 다면적 형식의 보편주의의 결과, 국제법에 있어 가장 중요하며 결정적인 중요성을 가지는 공간질서 문제에 관해서는 해답이 주어지지 않은 채로 남게 되어 혼란을 피할 수 없게 됐다.

슈미트에 따르면, 국제연맹은 어떠한 공간질서 이념도 갖지 못했으며, 한 번도 영토적 현상유지에 대한 통일적 원칙을 포함한 적이 없었다. 다시 말해, 국제연맹에는 사람들이 국제연맹에 의해 재가된 영토의 현상유지로 간주할 수 있을 만한 것에 대한 공통의 관념이 존재한 적이 단 한 번도 없었다. 그렇게 되자 결국 내부적으로 진실되지 못한 행위였던 1938년 9월의 뮌헨협정이 국제연맹의 구성원인 체코슬로바키아 공화국을 간단히 희생시켜 버렸다. 새로운 공간질서 수립과는 아무 상관없는 뮌헨에서의 과정과 결합하여 한 해 뒤인 1939년 9월, 국제연맹의 소집 한 번 없이 2차 세계대전이 발발했다(2006:248).

국제연맹은 처음부터 미국 등 서반구에 굴복했다고 슈미트는 말한다. "평화를 보장하는 지역적 합의로서의 먼로주의는 국제연맹규약과 양립할 수 없는 것이 아니다"는 연맹 규약 제21조 채택을 둘러싼 논란이 그 대표적 사례에 해당한다. 먼로주의에 대한 승인을 국제연맹규약 본문에 포함시키자는 미국 측 요구에 대해 프랑스가 먼로주의의 몇 가지 내용에 관해 명확히 문제를 제기했다. 프랑스는 미국이 연맹규약 안에 포함된 먼로주의를 인용함으로써 유럽 문제에 대한 개입을 거부할 수 있었으며 그에 따라 독일의 재무장 위협에서 프랑스에 대한 실효적 안전보장 조치를 취하지 못하게 되는 사태를 심각히 우려했다.

이 딜레마는 당시 윌슨 대통령이 처해 있던 곤란한 상황을 잘 알 수 있게 해 준다. 윌슨은 서반구에 있어서의 전통적인 고립주의와 자신의 평생 업적인 세계평화를 위한 보편적이며 대지포괄적인 국제연맹이라는 이념의 실현 사이에서 흔들렸다. 고립과 개입의 딜레마는 윌슨에게는 너무도 절망적인 것으로 되었기 때문에, 윌슨은 파리에서 국제연맹의 규약 안에 먼로주의를 명시적으로 승인하도록 요구하지 않을 수 없었다. 그렇지 하지 않을 경우 미 상원이 베르사유 조약 비준을 거부함으로써 미국이 국제연맹에 참여할 수 없었기 때문이다. 국제연맹규약 제21조가 먼로주의를 완전한 구성 부분으로 포함시킴에 따라 그것은 유럽에 대한 서반구의 승리의 표상으로 인식됐다. 하지만, 미 의회는 베르사유 조약을 비준하지 않았다. 그 결과 미국은 국제연맹의 공식 회원국이 될 수 없었다.

"국제연맹의 구성원들은 대륙들 또는 반구들 사이에 상호주의라는 생각을 포기했다. 국제연맹은 어떤 공간질서 원칙에 입각하여 창설될 수 있을 것인가 하는 점을 명확하게 정리하지 않은 채 서반구에서 퇴장했다. 국제연맹은 연맹규약에서 미국의 공간질서 원칙들의 우월성과 아메리카 대륙의 우월한 특별지위를 엄숙하게 선언했다. 동시에 국제연맹은 그 자신만의 고유한 공간체제를 포기했다. 그 결과 국제연맹은 특별히 유럽적이지도 않으며 일관되게 전 세계적이지도 않게 되었다. 이렇게 함으로써, 국제연맹은 명확한 공간질서를 포기한 것이나 다름없었다"(2006:254).

본질적으로 국제연맹의 보편주의는 유럽의 문제에 대하

여 유럽이 아닌 곳으로부터 대답이 주어진다는 점에 있었다. 유럽의 근본적 문제들에 대한 중재자로서 직무를 수행해야만 했던 경우에도 국제연맹은 서반구의 지도 국가인 미국의 그림자 속에 있었으며, 1930년에는 이 그림자가 유럽에까지 미쳐 유럽연합을 위한 모든 계획을 공허한 이야기로 변화시키기에 충분했다고 슈미트는 주장한다(2006:258).

5. 미국의 공식적 부재와 실효적 현존이 초래한 공간무질서

서반구에 속한 미국은 역설적이게도 유럽의 세계전쟁, 곧 1차 세계대전을 통해 세계 최강국 지위로 부상했다. 유럽의 국가들은 1차 세계대전을 스스로의 힘으로 해결할 능력이 없었기에 미국이 유럽 문제에 개입하도록 초청한 것이나 다름없었다. 하지만 미국은 자국 대통령이 주도하여 창설한 국제연맹 가입과 베르사유 조약 비준을 거부했다. 1921년 8월 21일, 미국과 독일은 단독강화조약을 체결했으며, 헤이그 상설국제사법재판소 가입을 거부했다.

그럼에도 불구하고 미국은, 간접적이기는 하지만 그렇다

고 해서 결코 효과적이지 않으며 덜 강력하지 않은 방식으로 각종 유럽 현안에 개입했다. 그리하여 유럽 문제에 대한 미국의 공식적 부재와 실효적 현존 사이의 기이한 혼합이 생겨났으며, 그것이 국제연맹과 유럽에 대한 미국의 관계를 특징지었다. 슈미트는 미국과 유럽 사이의 이러한 관계의 특이성이 전간기에 해당하는 1919년부터 1939년의 시기에 있어서의 전 지구적 차원의 공간무질서를 이해하는 핵심 원인이라고 주장한다(2006:252).

주권국가라고는 하지만 미국에 경제적으로 종속해 있으며 미국의 통제 아래 있던 많은 중남미 국가가 국제연맹에 가입해 있었다. 쿠바, 아이티, 도미니카 공화국, 파나마, 니카라과 같은 국가들이 국제연맹의 회원국이었고, 경우에 따라 연맹 이사회의 이사국이기도 했다. 이들 국가들은 먼로주의와 '카리브 독트린'[7]의 광역범위 안에 존재하고 있었을 뿐만 아니라

---

7 '카리브 독트린'은 1904년 시어도어 루스벨트 대통령이 발표한 '먼로 독트린에 관한 추론'에서 유래한다. 1900년대 초 루스벨트는 베네수엘라와 채권국들 사이의 위기가 유럽 열강의 침략을 촉발할 수 있다는 점을 우려했다. 당시 2류 국가로 전락한 스페인이 아메리카의 식민지를 매각할 움직임을 보였는데, 이는 아직 영국

공식적이고도 명시적인 각종 조약에 의해 외교안보 차원에서 미국에 구속되었다.

미국이 1903년 5월 22일에 쿠바와 체결한 조약, 그리고 1903년 11월 18일에 파나마와 체결한 조약은 현대적 통제의 전형적 사례였다. 그 첫 번째 특징은 미국의 통제를 받는 중남미국가에 대한 공식적인 영토합병의 포기에 있었다. 하지만 통제를 받는 중남미 국가의 영역은 통제를 행사하는 미국의 공간 영역과 특수이해 속으로, 다시 말해 그 세력범위 안으로 끌려 들어간다. 영토주권상의 외면적이고 공허화된 공간은 침해되지 않은 채로 남아 있다. 하지만 이러한 주권의 실질적 내용은 통제국의 경제적 광역의 안전보장에 의해 변경된다. 그리하여 현대적 형태의 국제법상의 간섭조약이 생겨난다.

이나 프랑스 등 1류 국가와 경쟁할 해양력을 갖추지 못한 미국에게 치명적인 일이었다. 따라서 루스벨트는 유럽 국가가 아메리카 대륙의 식민지를 포기할 경우 그것을 접수하는 나라는 미국이 되어야 한다고 주장했다. '루스벨트 추론'은 장기적으로 서반구와 유럽 간의 관계에는 거의 영향을 미치지 못했지만, 쿠바, 니카라과, 아이티, 도미니카 공화국 등 카리브해 국가에 대한 미국의 개입을 정당화했다.

"정치적 통제와 지배는 이 경우, 간섭에 근거를 두고 있다. 반면에 영토적 현상은 보장된 채로 남아 있다. 통제국은 독립이나 사적 소유권을 보호하기 위해, 질서와 안전을 유지하기 위해, 특정 정부의 정당성과 합법성을 수호하기 위해 또는 그것의 필요에 관해 통제국 자신의 평가에 따라 결정을 내리는 기타 여러 가지 이유에서 피통제국과의 관계에 개입할 권리를 보유한다. 통제국의 간섭권은 거점, 군항, 연료보급기지, 군사·행정적 계류지에 의해 보장된다. 간섭권은 통제국이 조약이나 합의에 의해 승인하며, 따라서 순수하게 법률적인 의미에서는 이 경우 어떠한 간섭도 존재하지 않는다고 주장하는 것이 가능하게 된다"(2006:252).

이런 방식의 새로운 절차가 가지는 의미는 이제까지의 국가 영역의 형식에 포함되어 있던 질서 수립과 장소확정을 폐지한다는 점이다. 새로운 지배 방법과 통제방식이 가지는 모든 상세함의 의해 본질적 특징을 이해할 수 있다. 그것은 영토주권이 공허한 공간으로 변한다는 것이다. 경계선을 수반하고 있는 외면적인 영토영역의 존속은 보장된다. 그러나 그

실질을 이루는 영토보전의 사회적이며 경제적인 내용은 보장 되지 않는다.

경제적 권력공간이 국제법상의 영역을 규정한다. 자신의 행위의 자유가 그러한 방식으로 간섭권에 복종하고 있는 국가는, 자신의 주권적 결정의 힘으로 독립, 공적 질서, 합법성, 정당성과 같은 개념들의 구체적인 실현에 대하여 자유롭게 결정하거나 또는 그 소유권의 기본 체제와 경제적 기본 질서에 대해 자유롭게 결정할 수 있으며 '영토를 지배하는 자가 경제를 지배한다'는 원칙을 실현하는 데 있어 고유한 영토주권을 보유한 국가와는 다른 종류의 국가다.

슈미트는 앞서 열거한 중남미 국가들은 먼로주의에서 전제된 공간질서에 따라 서반구에 속해 있었으며, 그 밖에도 그들이 체결한 국제법상의 조약에 따라 미국의 세력권에 엄격하게 구속되어 소속해 있었다고 말한다. 그 밖에 그들이 국제연맹의 회원국이었던 경우에는 세계적인 규모의, 특히 해양적인 대영 제국의 공간체제와 병존하여, 자기폐쇄적인 두 번째의 광역체제가 국제연맹이라는 구성체 속에서 돌출했으며, 그것도 확실히 특별하며 특이한 방식으로 돌출했다. 그러한 방식이란 통제국인 미국 정부는 국제연맹에 부재한 반면 다수의 피통제국은 주권적이며 동등한 자격을 지닌 국제연맹의 구성원으로 국제연맹에 존재한다는 사실이다.

미국의 공식적 부재와 실효적 현존이라는 기묘한 방식의 혼합을 이해하는 열쇠는 미국이 주장하였고 유럽이 승인한 정치와 경제의 분리에 있었다. 이러한 분리는 워싱턴 대통령이 '고별연설'에서 제창한 "가능한 한 많은 무역을 그리고 가능한 적은 정치를"이라는 전통적이고 전형적인 유명한 격언과 상응하는 것처럼 보인다고 슈미트는 말한다(2006:308-309). 그것은 내부적으로는 국가로부터 자유로운 경제가 국가를 지배하는 것을 의미했고, 동일한 의미에서 자유로운 시민사회가 국가를 지배하는 것을 의미했다. 외부적으로 그것은 보호관세나 보호주의, 경제적 자율성에 대한 포기와 같은 것을 의도하지 않았다. 미국의 무역정책은 대공황 직전의 '스무트-홀리 관세법Smoot-Hawley Tariff Act'으로부터 현대의 '슈퍼301조'에 이르기까지 오히려 고도의 보호주의적인 관세정책을 특징으로 하고 있다. '정치와 경제의 분리' 명제의 진면목은 정치적 영향력을 간접적 방식으로 행사할 수 있게 해 주었다는 사실에 있었다.

간접적인 영향력 행사방식의 가장 중요한 특징은, 자유무역, 즉 국가로부터 자유로운 무역과 마찬가지로 자유시장을 국제법상의 근본체제의 기준으로 호명한다는 사실에 있다. 구체적으로 문호개방과 최혜국대우를 요구하며 정치적 영토상의 경계를 중요하게 취급하지 않는다. 그러므로 미국의 공식적 부재는 정치와 경제의 분리라는 맥락에서는 오직 정치의 부재였을 뿐이다. 그에 반해 비공식적인 현존은 극히 실효적인 현존, 다시 말해 경제적 실재였으며, 필요할 경우 정치적 통제이기조차 했다(2006:255).

그 현실에 있어 정치와 경제의 분리는 경제적 동기의 우위에 의해 혼란을 초래했고 해결을 보지 못한 채로 그대로 남아 있던 대지의 공간질서 문제가 초래한 무질서를 더욱 확산시켰을 뿐이라고 슈미트는 말한다. 그 해결되기 힘든 착종이 '정치적 부채'에 관한 논의에서 명확하게 드러났다. 1929-1930년의 헤이그 합의와 영 플랜(Young Plan, 1929)'에 의거한 부채 문제의 탈정치화와 금융화는 이러한 전체 모습에 관해 그 어떤 의미 있는 변화도 만들어 내지 못했고, 단지 그러한 전체상을 확인시켰을 뿐이다.

　　"영 플랜은 배상문제에 대한 외국의 통제를 제거했으며 그
와 더불어, 통제를 실행하는 단 한 명의 미국 시민이라고 하
는 징후적이고도 상징적인 모습을 제거했다. 하지만 그로 인
해 독일은 외국화폐로 배상을 전액 지불할 책임을 떠안게 됐
다. 영 플랜은 명시적으로 언급하지는 않았지만 독일이 미국
에게 지속해서 지불해야 할 총액과 무조건 달러로 지불해야
할 총액을 구별했다. 미국은 영 플랜을 근거로 설립한 바젤 국
제결제은행에도 공식적으로 참여하지 않았다. 유럽 주요 국
가들은 바젤 국제결제은행에 자국의 중앙은행 총재를 대표로
참가시켰던 반면, 미국은 두 명의 개별 은행가들에 의해 비공
식적 방식으로 그곳에 실재할 수 있었다. 당시의 유럽 상황에
서 가장 큰 전후 경제 문제인 배상과 연합국 사이의 채무가 미
국의 개입 없이는 규율될 수 없었다는 사실이 당연하게 받아
들여졌다. 먼로 독트린에 내포된 의미와 미국의 강력한 고립
경향에 의해 비춰 봤을 때, 원칙적으로 미국이 유럽의 정치적
사안에 연루되는 사태를 회피하려 했다는 점은 분명해 보였

다"(2006:256).

경제적인 것의 우위는 미국에게 커다란 재량권을 부여했다. 경제적인 것으로부터 정치적인 것의 분리는, 모든 면에서 자유로워진 정치의 커다란 장점과 편익을 가능하게 했다. 그러한 장점을 완전하게 소유한 미국은 영토적 경계의 현상이나 수정을 둘러싼 유럽 내부의 투쟁을, 이러한 투쟁이 순수하게 경제적인 것에 머무르며 정치적인 것으로 되지 않는 한, 유리한 지위에서 관망할 수 있었다.

정치적인 것으로부터 경제적인 것의 분리는 당시 유럽의 현실 상황에 있어 즉각적으로 불안정한 것으로 판명됐다. 모든 경제적 전후 문제, 특히 연합국들 사이의 채무 문제는 불가피하고도 직접적으로 정치적인 의미를 가지고 있었다. 미국에 있어 경제적인 것의 우월성이란 미국의 경제적 힘이 직접적으로 정치적 힘으로 바뀔 수 있는 단계에 도달했다는 사실을 증명해 줄 따름이었다. 슈미트는 그리하여 미국의 정치적 부재는 불안정의 한 요소로 작용하지 않을 수 없었다고 말한다.

"유럽적 관념에서는 아직도 완전히 유럽 중심적인 전쟁이었던 1914-1918년 전쟁을 '1차 세계대전'으로 결정 지은 나라는 바로 미국이었다. 승전국과 패전국 사이의 수많은 회의에서 중재자의 역할을 떠맡았던 나라 역시 미국이었다. 바로 여기서 미국의 경제적·정치적 관여와 영향에서의 여러 가지 종류의 방법으로부터 저 독특한 부재와 현존의 결합이 발생했다. 경제적 현존의 경우 필요한 것 이상으로 더 효과적이거나 강력하게 될 것을 요청하지 않았던 반면, 정치의 부재는 경제적 현존이 미치는 정치적 반향을 감당할 수 없었다"(2006:257).

이로부터 야기된 공간혼돈의 결과는 명확했다. 유럽에 새로운 공간질서 수립의 시급성은 보편적으로 지각됐고 폭넓은 논의가 필요했음이 분명하다. 하지만 패전국 독일과 오스트리아는 물론이고 소비에트 러시아 또한 유럽의 강대국이자 승전국인 프랑스와 영국에도, 국제연맹에도, 미국에도 의지할 수 없었다.

"당시 유럽 대륙의 최강국이었던 프랑스는 안전보장에 대한 자신의 필요성 때문에 1919년의 영토적 경계라고 하는 고정된 현상에 몰두해 있었다. 영국은 유럽국가of Europe였지만 유럽 내in Europe 국가로는 남아 있지 않았다. 국제연맹 자체는 일반적으로 하나의 공간질서를 형성할 능력이 없었다. 국제연맹은 한 번도 현상유지에 관한 명확한 관념을 갖고 있지 않았다. 게다가 먼로 독트린을 승인하는 것에 의해 서반구에서 유래한 공간질서 이념에 굴복했다. 이러한 관념들은 유럽 내부의 질서를 창출할 수 있는 힘을 결여했다. 왜냐하면 미국은 정치적 부재의 상태로 남아 있는 것에 가치를 높게 부여했고 공식적으로 서반구라는 고립선을 유지했기 때문이다"(2006:258).

슈미트는 서반구라는 고립선이 대지의 어떠한 새로운 노모스도 창조하지 않았으며, 다른 한편으로는 유럽 국제법상의 과거의 노모스도 더 이상 존속하도록 내버려 두지 않았다고 말한다. 그러한 고립선은 강렬한 산업주의 시대에 정치와 경제를 분리함으로써 국제법상의 공간질서의 문제를 까다롭게 만들었고, 궁극적으로 오랫동안 타당했던 명제인 '영토를 지배하는 자가 경제를 지배'하고 '경제를 지배하는 자가 영토를 지배한다'는 명제를 혼란에 처하게 했다.

"국제연맹이 추인한 먼로 독트린의 고립선은 정치적인 것을 영토적 경계라고 하는 형식적 외관으로 만들고 경제적인 것을 그러한 것을 넘어서는 본질적인 내용으로 전환시킨다고 믿었다. 그렇지만 결정적 순간에 적과 동지에 따른 정치적인 집단화가 전체 상황에 대해 본질적 의미를 지니게 되는 것을 방해할 수는 없었다. 그러한 고립선은 서방과 동방의 강력한 국가인 독일과 일본이 추구한 세계평화의 독점 시도에 무기력했다. 국제연맹은 1928년의 미국의 부전조약과 1933년과 1936년의 소련의 시도 양자에 다 복종했다. 다시 말해, 전쟁의 엄숙한 포기는 물론이고 침략aggression에 대한 새로운 정의를 통해 정당한 전쟁을 도입하려는 시도에 모두 굴복했다. 국제연맹은 연맹 규약과 이들 양자를 조화해 보려고 무던히 노력했다. 그러나 전쟁과 평화는 서방과 동방에서 국제연맹을 무시한 채로 자신의 길로 나아갔다"(2006:258).

6. 전쟁의 의미 변화: 전쟁범죄화로의 길

국제연맹에는 두 현대적 공간 강대국인 소련과 미국이 공식 회원국으로 참여하지 않았다. 그에 따라 국제연맹은 이미 하나의 보편적 세계 질서일 수 없었다고 슈미트는 말한다. 게다가 국제연맹 공식에 의해 파악된 공간에서 첫 번째 근본적인 모순은, 이러한 새로운 체제에서의 지도적인 유럽의 두 강대국인 영국과 프랑스가 현상유지라는 용어를 전혀 다르게 이해했다는 점에 있었다. 그들의 현상유지 개념은 상호 대립할 정도로 차이가 나서 1919년의 사실적 상황도 유럽의 새로운 국경도 보장할 수 없었다.

영국의 이해하는 식의 현상유지란 지구 전체에 퍼져 있는 대영 제국과 대양에 대한 지배 및 영국 입장에서 해석된 해양의 자유를 전제로 했다. 그리고 무엇보다 대지의 현상을 세계 해양 제국에게 중요한 해로의 관점에서 안정화시키려고 시도했던 세계 제국과 관련되어 있었다. 세계 전체를 아우르는 영국의 현상유지 관념은 유럽 대륙에서의 국경선과 점유 관계에 대하여 거대한 활동공간을 허용했다. 그 관념은 유럽의 영토 문제들과 관련해서는 매우 탄력적일 수 있었으며 유럽 대륙에 속해 있는 문제들에 있어 광범위한 수정 노력을 기꺼이 수용할 준비가 되어 있었다.

　"영국과는 대조적으로 프랑스의 현상유지 개념은 대륙 유럽의 영토 분할을 명기할 것과 종전 이후 성립한 1919년의 국경선을 고수할 것을 명확하게 지시했다. 프랑스의 시야는 본질적으로 해양적인 다른 지도적 강국인 영국의 세계적 시야와 비교했을 때 공간적으로 협소했다. 프랑스의 현상유지 개념은 유럽에서의 영토적 수정 노력에 대하여 탄력적이지 않았다. 근본적으로 프랑스의 관점은 완전히 다른 공간 구조를 갖고 있었다. 유럽의 현상유지라는 전형적으로 육지적이며 대륙적 관점에 근거한 프랑스의 법적 논리는, 현상유지에 대한 영국의 전 세계적, 해양적 세계관에서는 완전히 정당한 것으로 보였을 것임에 틀림없는 실질적 관점과 이러한 관점에서 비롯된 제 결론과 비교했을 때, 완전히 다른 어떤 것, 상반되는 사실을 의미했다"(2006:245-246).

여기에 더해 공간 개념에 대한 국제연맹의 기이할 정도의 이중성과 내적인 불일치성이 전쟁 개념에서도 명확히 드러났다. 한편으로 국제연맹은 전통적 유럽 국제법상의 국가 상호 간의 군사적인 전쟁에 머물러 있을 것을 약속했다. 다른 한편으로 국제연맹은 경제적, 재정적 압력을 수단으로 하는 새로운 강제수단과 제재를 도입하려고 시도했다. 그에 의해 지금까지의 국가 상호 간 국제법에 근거한 비차별非差別적인 전쟁 개념은 파괴됐고, 그와 더불어 중립법의 기초도 파괴됐다.

슈미트는 여기서 두 가지 진실을 상기하지 않으면 안 된다고 말한다. 첫째, 국제법은 전멸전全滅戰 또는 멸망전滅亡戰을 예방하는 것을 목표로 한다. 하지만 전쟁이 불가피한 것인 한 전쟁의 제한을 과제로 해야 한다. 둘째, 실효적 제한을 가함이 없이 전쟁을 무조건 폐지하는 것은 단지 아마도 가장 나쁜 종류의 새로운 전쟁만을 초래할 것이며 내전으로의 복귀와 새로운 형태의 전멸전을 불러일으킬 것이다.

"실제로 전쟁의 추방과 폐지에 관해서는 국제연맹에서 많은 논의가 있었지만 전쟁의 공간적 제한에 관해서는 한 차례도 논의한 바가 없었다. 이와는 반대로 중립의 파괴는 전지구적인 세계전쟁이라는 공간적 혼란으로 그리고 '평화'를 공간 구조와 공간적 구체성을 결여한 채 개입을 위한 이념적 요구로 해체하도록 이끌었다. 신뢰할 만한 방위조약을 성취하기 위한 모든 시도 역시 만족할 만한 결과를 가져오지 못했으며, 설령 그러한 방위조약이 합의에 이르고 비준된 경우라 할지라도 구체적 공간질서와 명확한 전쟁 개념의 근본적 결핍을 제거하기란 불가능했다. 침략을 국제법상의 범죄로 만들려는 열정적인 노력 역시 물거품이 되었다. 법학적 통찰력을 통해 침략을 정의하는 구성 요건을 특정하려 했던 상세하고 세밀한 규정 역시 그 모든 시도가 가망 없는 것이라는 점에 관해서는 아무런 변화도 일으키지 못했다"(2006:246).

1) 전쟁범죄화의 지적 배경: 칸트의 '정당하지 않은 적' 개념

슈미트는 기본적으로 힘에 바탕을 둔 질서만이 정당하며, 이러한 구체적 질서에 기반했을 때만이 평화를 달성할 수 있다고 생각한다. 슈미트가 '진리가 아니라 권위가 법을 만든다'Auctoritas, non veritas, facit legem'라는 홉스의 주장을 반복적으로 인용하는 것도 같은 이유에서다. 국제질서에 대한 슈미트의 사고 역시 여기서 크게 벗어나지 않는다.

국제정치의 속성상 사법적 권능을 행사할 수 있는 공통의 권력은 존재할 수 없다. 실효적이고 실질적 힘을 행사할 수 있는 주권국가만이 자기 행위의 유일한 판관이다. "모든 주권자는 정당하며 그럴 권리를 가지고 있다고 주장하는데, 그것 외에 다른 어떤 것도 말할 수 없기 때문이다. 어떤 상위 질서의 결정을 내릴 법정도 존재하지 않으며, 전쟁을 수행하는 모든 주권자는 포로와 전리품을 획득할 수 있는 동등한 권리를 가진다. 그러므로 전쟁은 실제로는 언제나 양쪽이 다 정당한 것으로서, 쌍방 모두에게 정당한 전쟁으로 취급된다"(2006:160). 그러므로 '전쟁범죄화'란 슈미트의 국제법 이론에서는 애당초 성립할 수 없는 개념이다. 만일 그것을 주장한다면 규범주의의 산물이거나 자신의 본심을 가리기 위한 위선 내지 힘에 바탕을 둔 구체적 질서를 무시하는 헛된 망상일 따름이다.

슈미트는 전쟁범죄화 시도에 미친 규범주의 영향의 대표

적 사례로 칸트의 "정당하지 않은 적" 개념을 거론한다. 칸트가 국제법 분야에서 목표로 삼았던 성과는 본질적으로 동시대의 유럽 국제법의 핵심인 정당한 전쟁 개념과는 상이했다. 칸트의 노력은 20세기 들어서야 빛을 보기 시작했다. 슈미트는 칸트에 대하여 전쟁 개념 자체에 대해서는 이중적 태도를 보였지만 '정당하지 않은 적' 개념을 통해 전쟁범죄화의 길을 닦은 것으로 평가한다.

슈미트에 따르면, 칸트는 한편으로 유럽 공법의 발전단계들의 성과를 명확히 정식화했다. 국가들은 상호 간 동등한 권리를 지닌 도덕적 인격으로서 자연상태에서 상호 대립한다. 국가들은 여기서 전쟁에 대해 동등한 권리를 지닌다. "독립국가들 사이의 어떠한 전쟁도 결코 형벌전쟁이 될 수 없다"는 칸트의 주장이 이를 잘 증명한다. 전쟁이 철저한 파괴전이나 정복전쟁이 아니라는 것은 더욱 말할 필요조차 없다. "활동적으로 관계하며 상호 영향을 미치는 국가들의 세력균형의 권리"가 작동하고 있기 때문이다. 그러나 다른 한편으로 칸트는 매우 놀라운 방식으로 '정당하지 않은 적' 개념을 도입한다. "자연상태에서는 '정당하지 않은 적은 존재할 수 없다. 그 이유는 자연상태 자체가 부정의한 상태이기 때문이다." 이 지점에서 칸트는 '정당한 적'이라는 오랜 교리를 대단히 복잡한 방식으로 설명한다. "정당한 적이란 그에게 대항함으로써 내가 부정을 저지르는 그러한 적을 말한다. 그런데 이미 이때 그는 나의 적이 될 리 만무하다"(2006:169).

정당한 적 개념을 칸트보다 더 잘 이해할 수는 없을 것이다. 그런데 칸트는 『영구평화론』(1795)에서, "영원히 뿔뿔이 흩어져 살 수 없으며 결국에는 함께 견디며 살아가야 하는" 인민을 위한 국제법의 전 세계적 성격에 대한 명확한 의식을 보여 준다. 슈미트에 따르면 이 같은 언급은 국가 상호 간 관계를 규율하는 유럽 국제법의 규범주의 파괴를 이해하지 못하는 모든 사례에서 드러나고 있지만, 동시에 그 속에는 새로운 대지의 노모스에 대한 예감 역시 나타나 있다. 칸트는 『영구평화론』이 나온 후 얼마 되지 않아 출간된 『법이론의 형이상학적 제1원리』(1797)에서 '정당하지 않은 적'에 대해 다음과 같이 정의한다. "정당하지 않은 적은 말로서건 아니면 행동을 통해서건 공적으로 표명된 의지가 다음과 같은 원리, 곧 이 원리를 보편적 규칙으로 삼을 경우 자연상태를 영구화하여 국가들 사이의 어떠한 평화상태도 불가능하게 될 격률格律을 드러낸 자를 의미한다"(2006:169).

슈미트는 이러한 명제 속의 모든 낱말에 대해 정확한 주의를 기울일 필요가 있다고 말한다. 왜냐하면 여기서 유럽 공법의 핵심인 정당한 적과 칸트가 발견한 '정당하지 않은 적'의 대립이 명확히 드러나 있기 때문이다. 칸트에 따르면, '정당하지 않은 적'은 매우 위험하다. 왜냐하면, '정당하지 않는 적'에 의해 위협을 받고 있거나 또는 위협을 받고 있다고 느끼는 사람에게 법은 그 어떤 '한계'를 모르기 때문이다.

그렇다면 그에 대항하기 위해서라면 법조차 한계를 모를 정도로 가공할 그러한 적을 우리는 어떻게 판별할 수 있는가? 칸트는 말로서 의지를 표명하는 것만으로도 충분하며, 위협받고 있다고 느끼는 사람들의 자유를 지속하기 위한 공동행동을 정당화하기 위한 행동원칙을 드러내는 것으로 충분하다. 하지만 슈미트는 이러한 유형의 적에 대항하는 예방전쟁은 '정당한 전쟁' 그 이상이 될 것이라고 말한다. "그것은 하나의 십자군이다. 왜냐하면 우리는 단순히 범죄를 저지른 자가 아니라 '정당하지 않은 적', 곧 자연상태를 영구히 하려는 자를 처벌해야 할 것이기 때문이다"(2006:169).

그렇다면 '정당하지 않은 적'은 과연 누구란 말인가? 그것은 범죄와 잔학 행위를 저지름으로써 전쟁규칙을 침해하고 전쟁법을 위반한 적을 지칭하려는 게 아님은 분명하다. 칸트는 '정당하지 않은 적'을 개념화하기 위해 자연상태에서의 평화 위반행위를 사례로 제시한다. "공적 계약에 대한 침해는 이를테면 자연상태를 영구히 하려는 것과 동일한 종류의 의사표명이다. 왜냐하면, 자연상태의 영구화는 모든 민족의 자유를 위협하는 문제로 간주할 수 있기 때문이다." 슈미트에 따르면, 이것은 진정한 의미에서의 예가 아니며, 단지 광범위하며 보편적인 일반조항의 연장일 뿐이다(2006:169-170).

칸트가 다른 특징적 구절에서 중세 때 종교재판관인 "대심문관"의 등장을 허용했듯이, 우리가 알고 싶은 것은 바로 '정당하지 않은 적'은 누구인가의 문제라고 슈미트는 말한다. 그런데 여기서 칸트는 주의 깊게 공식화한 보편성과 일반조항에 만족할 따름이다. 자유를 위협하는 자는 구체적으로 누구이며, 누가 그것을 결정하는가? 이 모든 게 해결되지 않은 채로 남아 있다. 칸트에 따르면, 인민의 자유가 정당하지 않은 적의 말과 행동에 의해 위협받는다면 "사람들은 평화를 위협하는 국가의 권력을 제거하기 위해 잘못된 행위에 대항하여 단결할 것을 요구받는다"(2006:170).

이것은 대발견 시대의 '정전론' 교리를 반복한 것처럼 들린다. 그 당시의 정전론은 육지 취득을 위한 법적 권원을 제공하는 것에 그 주된 성과가 있었다. 그런데 이제 칸트는 놀라운 화법으로 다음과 같이 말을 이어간다. 즉 정당하지 않은 적에 대항하기 만들어진 정당한 세력의 연합은 "잘못된 행위"를 더 이상 하지 못하도록 정당하지 않은 적의 힘을 분쇄해야 하지만, 그것은 "연합세력 간에 육지를 분할하기 위함이 결코 아니다."

슈미트는 위 언급에서 칸트의 위대함과 인도주의를 알 수 있다고 말한다. 칸트는 정당한 전쟁을 육지 취득의 법적 근원으로 간주하기를 거부한다. 그는 "한 나라를, 이를테면 대지 위에서 사라지게 만드는 것과 같은 일"을 거부한다. 왜냐하면 "그것은 정치적 공동체를 통해 스스로 결합할 수 있는 인민의 원초적 권리를 박탈함으로써 인민에게 부정의한 일을 자행하는 꼴이기 때문이다." 그렇지만 승리자는 패배한 인민으로 하여금 "본성상 전쟁의 경향을 억제해 줄 새로운 헌법"을 채택할 수 있게 해 주어야 한다(2006:194).

슈미트는 칸트가 '정당한 적' 개념에 대해 상당히 높게 평가했음을 알 수 있다고 말한다. 위 구절 바로 앞서 칸트는 평화조약을 언급하며 다음과 같이 이어간다. "평화조약은 사면 조항을 포함하며 이것은 이미 평화조약과 사면이 결합되어 있다는 점을 시사한다." 그런데 여기서 보다 주목해서 보아야 할 점은 칸트에게는 '정당한 적'에 대한 인정과 거부가 혼재돼 있다는 사실이다. 이러한 혼재 또는 혼동은 '정당하지 않은 적'에 대한 그의 논의 속에서 발견된다. 이로부터 정전, 곧 '정당한 전쟁'의 강도는 한층 세지며 '정당하지 않은 적'의 강조점 역시 사물에게서 사람으로 옮아간다.

성 아우구스티누스가 『신국』에서 전쟁은 정전正戰 개념을 통해 한층 참담해질 것이라고 말했을 때, '정당하지 않은 적' 개념은 이러한 참담함을 더욱 크게 만들 뿐이다. 왜냐하면 '정당하지 않는 적'은 행위가 아니라 행위자를 염두에 두고 있기 때문이다. 슈미트는 그래서 다음과 같이 반문하는 것이다. 정당한 적과 중범죄자를 구별하는 일조차 쉽지 않다고 한다면 인간은 '정당하지 않은 적' 개념에서 가장 사악한 범죄자 외에 다른 어떤 것을 발견할 수 있겠냐고. 그 경우, '정당하지 않은 적'은 국제법적으로 제약된 전쟁에서조차 전쟁의 정당한 상대방으로 남아 있는 일이 가능할 수 있을까?

> "적과 범죄자를 동일시하는 것은 칸트가 정당한 승자에게 부과한 제한 역시 제거할 수밖에 없다. 왜냐하면 칸트는 국가를 사라지게 한다거나 인민의 헌법제정 권력을 박탈하는 일을 허용하지 않고 있기 때문이다. 궁극적으로 이것은 칸트가 철학자 그리고 윤리학자이지 법학자는 아니라는 사실을 한층 강화한다. 한편으로 그는 정당한 적 개념을 가지고 있고, 이와 동시에 다른 한편으로는 정당하지 않은 적 개념을 보유한다. '정당하지 않은 적' 개념은 분열分裂을 향한 차별적 힘이 정당한 적과 정당원인이 행사하는 것보다 더 깊게 작용하는 그러한 개념이다"(2006:171).

'정당하지 않은 적' 개념에 대해 칸트가 내린 정의를 근거로 하여 1797년 당시의 국제상황에서 누가 정당하지 않은 적이었던가 하는 문제에 대하여 구체적으로 답하는 것이 가능한 일인가? 칸트는 당시 어느 편에 속해 있었나? 혁명적인 프랑스가 정당하지 않은 적이었을까 아니면 보수적인 합스부르크 왕가였을가? 그것도 아니면 전제군주가 지배하는 러시아였나? 또는 해양 제국 영국이었던가? 또는 정당하지 않은 적은 존재하지 않았고 그들 모두는 정당했는가?

칸트가 주의 깊게 보편화한 공식과 일반조항에서 사람들은 그 어떤 확실한 대답도 찾을 수 없으며, 오히려 새로운 논쟁을 유발하는 문제만을 제기할 수 있을 뿐이다. 그의 언급들 가운데 몇몇은 자유라는 혁명적 방향으로 나아가는 것으로 해석될 여지가 있으며, 다른 몇몇은 안정이라고 하는 보수적 방향으로 이끌리는 것으로 해석할 수 있다. 칸트는 이와 마찬가지로 그의 '정당하지 않은 적' 개념이 침략이나 침략범죄 등과 같은 현대적 의미로 해석될 여지를 남기지 않았다. 슈미트는 이러한 관점에서 칸트는 법학자가 아니며, 법학자보다는 신학자에 더 가깝다고 말하는 것이다.

"칸트는, 한 국가가 미래 공간질서의 균형을 위협하는 패권을 추구할 경우 세력균형의 회복을 목표로 패권 추구 국가에 대항하기 위해 다른 여타 국가들이 동맹을 결성하는 전쟁에 관해 충분히 고려한 것으로 여겨진다. 그 전쟁은 18세기의 괴팅겐 국제법학파에 의해 특별한 사례로 이해되고 강조되었다. 칸트와 달리 18세기의 법학자는, 동맹전쟁에서 정당한 적으로서의 상대방의 자격을 박탈하는 것에 대해 생각하지 않았다. 하지만 마찬가지로 분명한 것은, 일찍이 신학자들이 그렇게 했듯이 '정당한 적'은 칸트가 한 것처럼 철학적 윤리에 의해 부정될 수 있으며, 유럽 공법 법학자들의 작품인 '정당한 전쟁'은 차별적 전쟁을 도입하는 것에 의해 파괴될 수도 있다는 사실이다"(2006:171).

2) 전쟁범죄화를 둘러싼 국제법 논쟁: 1919년 베르사유 조약 사례

슈미트의 칸트 비판을 요약한다면 "무공간적이며 무질서적인 규범주의적 사고가 국제법에 끼친 지적 영향"(2006:247)으로 정의할 수 있다. 칸트적인 규범적 사고가 국제법에 미친 영향이 대표적으로 드러난 사례가 1차 세계대전 직후 발생한

'전쟁범죄화' 논쟁이다. 슈미트에 따르면, 1914년 8월 시작된 1차 세계대전은 과거 스타일의 국가 간 전쟁으로 시작됐으며, 전쟁을 수행하는 국가들 역시 서로를 동일한 권리를 지닌 주권국가로 간주했다. 따라서 그들은 동등한 권리를 지닌 주권국가로 상호 간에 승인되어 있었으며 유럽 공법상에 '정당한 적'이었다.

"전쟁이 시작됐을 때, 1907년의 헤이그 제3협약에서 사전의, 명료하며, 이유를 밝힌 전쟁의 통지로 규정되어 있는 선전포고가 여전히 존재했다. 따라서 선전포고는 불리하게 만들거나 차별화시킨다는 의미에서의 침략 행위가 아니었으며 반대로 형식상의 전쟁의 구체적 행위이며 형식상의 전쟁 의사표명이었다. 이러한 선전포고는 법적 형식에 대한 요구에 근거하고 있었으며 전쟁과 평화에 관한 사안에 있어서는 제3자는 존재하지 않는다는 전제에 근거했다. 전쟁 당사국과 중립국의 이해 속에서, 그리고 오늘날 '냉전'으로 불려진 중간상태를 회피하기 위해, 국제법은 두 가지 서로 다른 지위를 명확히 구분했다"(2006;259).

개전 당시, 영국, 독일, 프랑스, 러시아, 오스트리아 등 전쟁에 연루된 유럽의 5대 강국은 이번 전쟁이 과거와 유사한 형태로 전개될 것이며 유럽 국제법에 따라 제한전이 수행될 것이라는 사실을 믿어 의심치 않았다. 슈미트가 언급한 대로 "현존 공간질서의 틀 내에 머무르며 그것을 보존하는 수단으로서의 육지 취득과 영토 변경과 함께 이러한 공간질서를 문제 삼고 파괴하는 또 다른 형태의 육지 취득이 존재할 수 있는 것과 마찬가지로, 오직 이러한 이유에서 국제법적 질서의 틀 속에 머무르는 전쟁 역시 존재할 것"(2006:187)이기 때문이다. 요컨대, 유럽 국제법의 본질은 전쟁 폐지가 아닌 전쟁 제한에 있었다.

결과적으로 유럽 열강은 전쟁의 제한에 실패했다. 유럽 국제법 역시 제대로 작동하지 않았다. 유럽전쟁은 전 세계 차원의 총력전으로 비화했다. 의미 없는 살육과 교착상태가 반복되는 장기전 양상을 띠었고 유럽 외부 국가인 미국의 개입을 통하여 종전의 실마리를 찾을 수 있었다. 슈미트는 1차 세계대전의 총력전 양상에 대해 슈미트는 다음과 같이 말한다.

"특정 공간질서의 수호자인 강대국들 사이의 전쟁은, 그것이 무주의 공간을 둘러싸고 수행되는 것이 아니며 무주의 공간 속에서 수행되는 것이 아닌 경우에는, 공간질서를 쉽게 파괴할 수 있다는 것이 틀림이 없다. 그럴 경우, 그러한 전쟁은, 그것이 하나의 새로운 공간질서의 구성을 동반하지 않으면 안 된다는 의미에서, 총력적인 것이 된다"(2006:187).

1차 세계대전은 두 가지 측면에서 이전과는 다른 양상을 띠며 전개됐다고 할 수 있다. 하나는 유럽 열강이 새롭게 취득할 수 있는 무주지의 종말이 유럽 중심의 공간질서를 파괴했다는 점이다. 다른 하나는 유럽 국제법의 붕괴로부터 새로운 대지의 노모스의 출현, 곧 기존 국제법을 대체하는 새로운 국제법에 대한 요구가 필연적으로 발생할 수밖에 없었다는 사실이다. 전쟁을 범죄화하려는 국제법적 시도와 그에 따른 전쟁의 성격 변화는 이런 조건에서 발생한 것이다. 새로운 방식의 국제법 시도와 노력은 승전국과 패전국 어느 하나 만족시키지 못한 채 혼란을 거듭한 채로 마무리되었다는 점에서 2차 세계대전이라는 새로운 비극을 잉태했다.

슈미트는 전쟁범죄화 시도에 따른 전쟁의 성격 변화를 1919년 베르사유 조약과 1924년 제네바 의정서 채택을 둘러싼 논쟁을 통해 분석한다. 그에 따르면, 1차 세계대전을 종결지은 다양한 형태의 평화조약은 전환점이 될 만한 몇 가지 특징을 지녔다. 이 사실은 특히 베르사유 조약에 해당하는데, 베르사유 조약은 여전히 유럽의 사태 전개와 특수하게 관련되어 있기 때문이다. 같은 이유에서 1924년 10월 2일의 이른바 제네바 의정서에 대해서도 특별히 주의를 기울일 필요가 있다. 제네바 의정서 채택을 국제연맹에서 논쟁할 당시 유럽 강대국들이 여전히 지도적 위치에 있었기 때문이다(2006:259-260).

베르사유 조약의 두 개 조항에서 이제까지의 유럽 국제법으로부터 벗어나는 새로운 전쟁 개념을 향한 주요 단서를 발견할 수 있다. 독일 황제 빌헬름 2세를 소추하는 제227조와 전쟁책임 조항인 제231조가 그것이다. 실질적 효력을 발휘하는 실정조약상 규정이라는 차원에서 두 조항은 오직 1차 세계대전에만 관련하지만, 이와 동시에 전쟁에 대한 국제법상 견해가 변화하는 징조로 간주할 필요가 있다는 것이다.

다른 한편, 제227조가 이미 그 자체로 하나의 범죄를 나타내는 새로운 종류의 전쟁을 포함하고 있는 데 반하여 그다음 이어지는 제228조는 전쟁범죄라는 말이 지닌 과거의 의미, 곧 종래의 유럽 국제법적 맥락에서 전쟁범죄에 관해 언급하고 있다. 따라서 법조항의 성립사 관점에서 제227조 외에 제228조도 비교를 위해 인용하지 않을 수 없다. 전쟁범죄에 대한 상이한 성격 규정이 동일 조약 안에 아무런 모순 없이 포함되어 있다는 측면에서 그만큼 베르사유 조약의 혼란 양상이 드러나고 있는 것으로 간주할 수 있다. 베르사유 조약 제228조는 유럽 국제법의 관점에서 전쟁범죄를 규정한다.

"서로를 승인하며 교전권을 행사하는 주권국가들 상호 간의 전쟁은 결코 범죄일 수 없으며, 적어도 범죄라는 말이 지닌 형사법적 의미에서의 범죄일 수는 결코 없다. 정당한 적이라는 개념의 효력이 지속되는 한 국가들 사이의 전쟁을 범죄화하는 일은 발생하지 않는다. 이 단계에서는 '전쟁범죄'라는 말은 전쟁 그 자체를 범죄화하는 의미를 가질 수 없다. 따라서 그 말은 의미 변화에 의해 초래된 전쟁의 범죄화를 표

현하는 것이 아니라 그와는 본질적으로 다른 것을 의미한
다"(2006:261).

전통적 형태의 유럽 국제법에 따를 경우, 전쟁범죄는 전쟁
기간 가운데 발생한 특정 행위, 주로 전쟁 수행 당사국의 무장
집단에 소속한 구성원, 한마디로 군인의 행위로 이해할 수 있
다. 그것이 헤이그 육전 법규, 해전 관련 법규, 포로 관련 법규
등의 위반과 같이, 이른바 전쟁수행 과정에 있어서의 국제법
위반이다. 이 규범들은 전쟁을 허용된 것으로 전제하며, 전쟁
당사국을 동일하게 정당한 것으로 전제한다. 하지만 전쟁 자
체가 금지되거나 완전히 하나의 범죄로 되는 경우에는 이러
한 규범들은 본질적 변화를 겪지 않을 수 없다.

"유럽 국제법에 포함돼 있던 그러한 종류의 전쟁범죄의 범
위를 정하는 일은 아무런 근본적인 어려움을 야기하지 않는
다. 왜냐하면 그러한 종류의 전쟁범죄의 특수성은 곧바로 인
식할 수 있기 때문이다. 따라서 1914년 이전의 전쟁범죄가 언
급되는 경우에는 이런 종류의 불법 행위만이 고려되었다. 이

러한 종류의 불법 행위는 전쟁수행 당사국의 형법과 군사교본 가운데, 그리고 국제법 문헌 속에 오래전부터 알려져 왔으며, 그 전제에 관해서도 상세히 설명되고 있었다. 예컨대 보복 행위, 국가의 손해배상의무, 자국과 상대국에 대한 범죄자의 형법상의 책임과 같은 것들이다. 또한 이러한 범죄의 방어 또는 면책을 위한 군사명령의 의미 역시 이와 동일하게 다뤄졌다"(2006:261).

베르사유 조약 제228조부터 제230조는 전쟁에 있어서의 법의 위반이라는 의미에서의 이러한 종류의 '전쟁범죄' 관련 조항을 구성했다. 물론, 해당 규정들이 하나의 중요한 측면, 곧 패전국이 전쟁범죄를 자행한 자국 시민을 적국에 인도할 의무를 지지 않을 수 없었던 한에서 근본적 법률 제도인 사면에 관한 중대하고 원칙적인 변화가 존재하고 있는 것은 사실이었다. 1918년 이전까지만 해도 사면은 통상적으로 평화조약의 구성 부분이었으며 상호 승인된 교전 당사국 간의 평화협상 과정에서 명시적 혹은 암묵적으로 받아들여진 것으로 간주됐다. 하지만 이제 사면은 패전국을 차별함으로써 명백히 파괴됐다. 그럼에도 불구하고 자국시민의 인도가 일방적 요구가 아닌 상호합의에 기초해야 한다는 조약상 원칙은 유지됐다. '법률 없이 범죄도 형벌도 없다'는 원칙 역시 유효했으며, 전쟁법 및 전쟁관습법 위반이라는 전쟁범죄의 전제뿐 아니라 법에 의한 처벌이라는 원칙 역시 계속 유지됐다.

반면, 베르사유 조약 제227조는 독일 황제였던 빌헬름 2세를 직접 겨냥했다. 이 조항의 의도는 빌헬름 2세를 전범으로 처벌하는 데 있었다. 베르사유 조약 제7부의 제목은 '처벌'인데, 문제가 된 제227조는 바로 여기에 포함되었다. 따라서 제227조는 제목 자체에서 이미 어떤 행위에 관해 처벌할 수 있는 것으로의 성격 규정을 지시했다.

슈미트는 1919년 당시의 형법적 관점 또는 당시까지의 유럽 국제법에 의거하여 베르사유 조약 제227조를 비판하고 반박하는 것이 어려운 일은 아니었다고 말한다. 유럽 국제법은 '동등한 것은 동등한 것에 대하여 관할권을 가지지 않는다'는 원칙에 따라 승인된 국가나 주권국에 대한 다른 어떤 국가의 국제적 재판권을 인정하지 않았다. 통설적 견해에 따르면 국제법상의 범죄와 관련해서도 국제법상의 유일 사법 주체는 국가라는 사실은 일반적 실천 속에 받아들여졌다. 그러므로 국제법상의 범죄는 국내 형법상의 범죄가 아니었다. 전쟁은 개인 또는 집단 사이의 관계가 아니라 국가 간 관계로 엄밀히 이해됐다.

"국제법상에 전쟁은 개인이나 국가원수가 아닌 국가가 수행하는 것이었다. 적은 정당한 적으로서 범죄자와는 구별됐다. 범죄의 구성 요건이라는 관점에서 제227조가 규정한 전쟁 범죄는 대단히 불명확했다. 재판관을 위한 제반 규칙 역시 법률에 배타적으로 의존하기보다 도덕과 정책을 인용했다. 형벌 규정 역시 마찬가지로 불명확했으며 전적으로 재판관 재량에 맡겨졌다. 법정에서 형벌이 부과될 게 분명하다면, 피고인은 판사의 결정이 무엇일지에 대해 충분히 예상 가능하다. '법률 없이 범죄도 형벌도 없다'는 원칙은 공공연하게 침해되었다. 불명확한 범죄 구성 요건과 불확정의 형벌 위협으로 빌헬름 2세라는 특정인을 거명함으로써 제227조는 너무나도 개인적인 예외법이라는 오명을 뒤집어 쓸 수밖에 없었다"(2006:263).

빌헬름 2세는 당시 중립국인 네덜란드에 체류하고 있었다. 네덜란드 정부는 영국 정부와 프랑스 정부가 빌헬름 2세에 관해 제기한 인도 요청을 그러한 종류의 인도를 금한 전통적인 유럽 국제법의 논지를 들어 거부했다. 그러자 영국 정부와 프랑스 정부는 빌헬름 2세의 인도 문제를 더 이상 다루지 않았다. 따라서 적어도 유럽에서는 제227조가 주창한 새로운 형태의 전쟁범죄가 성공을 거두지 못했을 뿐만 아니라 오히려 그 반대 방향을 향한 선례가 될 것이라는 확신이 지배적이었다.

슈미트는 미국 여론이 유럽의 그것과는 사정이 사뭇 달랐다고 말한다. 파리회의의 심의에 있어 침략전쟁을 부당한 것으로 강하게 주장했던 것은 바로 미국 대표들이었다(2006:264). 하지만 미국 대표단의 입장 역시 내부적으로 일관되지 못했고 대단히 모순적이었다. 1921년 민주당에서 공화당으로의 정권교체가 발생했다. 그 결과, 월슨의 개입주의 외교 노선에서 하딩의 고립주의 외교 노선으로의 극적인 전환이 발생함으로써 미국은 유럽 문제에서 완전히 손을 뗐다. 그럼에도 불구하고 미국 내 여론은 빌헬름 2세를 전범으로 처벌해야 한다는 쪽에 강하게 기울어져 있었다. 슈미트는 전범 처벌과 관련한 베르사유 조약 제227조를 둘러싸고 전개된 개입과 고립 사이에서의 미국의 혼란을 기술함으로서 유럽 공법을 대체하는 새로운 노모스를 향한 길이 대단히 험난할 것임을 예고하고 있다.

슈미트는 파리회의에서 전쟁범죄 문제와 관련한 미국의 모순된 태도를 보여 주기 위해 제227조와 제228조를 심의한 '전쟁 주모자의 책임에 관한 위원회'에서의 미국 대표단의 입장에 관해 비교적 자세히 기술한다. 동 위원회는 빌헬름 2세 처벌과 관련한 제227조와 전통적 의미에서 군사범죄에 관련한 제228조의 내용을 다루었다. 제228조에 관해 미국 대표단은 영국과 프랑스 대표단의 견해에 반대하여 전쟁 법규의 위반에 대한 처벌 외에 인도적 법률 위반에 대한 처벌을 논의하는 것은 허용될 수 없다는 점을 아주 명확하게 설명했다. 미국 대표들은 전쟁 중에 발생한 군사범죄, 곧 전쟁에 있어서 법에 대한 위반과 처벌에 대해서는 '법률 없이 범죄없다'는 원칙이 확고하게 적용되어야 한다는 점을 강조했다. 요컨대, 과거 의미에서의 전쟁범죄가 문제로 되는 한 미국 대표단은 인도주의에 반한 범죄라고 하는 새로운 개념을 거부했다.

"심의 과정에서 발표한 성명에 따르면, 미국 대표들은 전쟁
법과 전쟁관습법에 대한 위반을 이유로 형사적 권한을 가진
법원을 특정하고 처벌 위협 속에서 법률 위반과 전쟁을 범죄
로 규정할 수 있는 그 어떤 성문의 국제법도 국가 간 조약도
알지 못한다. 미국 대표들이 여러 차례 진술했던 대로, 전쟁은
언제나 비인도적이었으며 지금도 여전히 그러하다. 그러나
전쟁법과 전쟁관습법에 일치하는 행위들은 비인도성에도 불
구하고 법정에 의한 어떤 처벌에 복종하지 않는다. 법원은 효
력 있는 법만을 고려하여 그것을 적용할 뿐이며, 도의에 대한
침해와 인도주의에 반하는 범죄에 대한 처리는 더 높은 재판
관에 맡겨 둔다. 우리 미국 대표들은 국제적인 형사법원을 창
설하려는 계획은 어떠한 주목도 받을 가치가 없으며 그에 대
한 선례도 존재하지 않고 국가들의 관습과 일치하지 않는다
고 생각할 만한 정당한 근거를 갖고 있다고 믿는다"(2006:264-
265).

이 성명은 구체적으로 제227조와 관련한 것이 아니라 제228조와 관련한 것이다. 따라서 침략전쟁의 문제 자체에 적용할 수 있는 것이 아니라 전통적 또는 낡은 의미의 전쟁범죄에 대해서만 적용할 수 있다. 이에 반해 제227조에 관하여 국가원수의 처벌과 침략전쟁을 인도주의에 반하는 도덕적 범죄로 단죄할 것을 요구한 측은 바로 미국 대표단이었다. '전쟁 주모자의 책임에 관한 위원회'에서 지배적이었던 전형적인 미국의 견해는 1919년 3월 12일의 구상 속에 들어 있는 구절로부터 나온다. 그 구절은 1914년 8월의 전쟁, 곧 1차 세계대전을 부당한 전쟁이자 침략전쟁으로 규정했다.

"전쟁수행의 도덕적 권리는 오로지 국민의 생명보호, 국민의 권리의 유지 또는 자유와 인도주의 방어를 위한 힘의 행사가 필수적이고도 긴급한 경우에만 존재한다. 전적으로 그밖의 동기에 의해 고취된 전쟁은 자의적이고 무익한 것이며 도덕과 국제정의에 대한 위반으로 끝이 난다. 그러한 전쟁은 정당화될 수 없다. 그러한 기준에서 판단할 때, 1914년에 시작된 전쟁은 부당한 것이었으며 허용될 수 없는 것이었다. 그것은 침략전쟁이었다"(2006:265).

이어 국가원수의 책임에 관한 중요한 진술이 등장한다.

"다른 국가의 영토와 주권적 권리에 대한 소유를 획득하고자 하는 희망으로 고무된 동맹국들의 국가원수들은 하나의 정복전쟁에 종사하였다. 그 광범위함에 있어, 그 불필요한 인명 살상과 재산의 파괴에 있어, 그 무자비한 참혹성에 있어 그리고 그 참을 수 없는 고통에 있어 현대의 모든 전쟁을 능가하는 전쟁에 종사하였다. 인류에 대한 이러한 도덕적 범죄에 대한 증거들은 의심할 바 없고도 적절한 것이다. 정의감으로부터 분리할 수 없는 법에 대한 존중에 의해 자제되어, 그렇게도 참혹한 피해를 입은 국민들은 법률이라는 수단을 통해 책임자들을 그에 상응하여 처벌할 힘을 가질 수 없었다. 그러나 이러한 추악한 전쟁의 원흉들이 단죄받지 않은 채 역사 속으로 사라져서는 안 된다. 그러므로 세계에 대해 행해진 최대의 범죄의 원흉들에 대해 인류가 선고한 판결을 감수하기 위해 그들을 세계 여론의 법정 앞으로 소환해야 한다"(2006:265).

이 성명에는 의심할 바 없이 전쟁에 대한 이제까지의 국제 법적 견해로부터의 일탈이 의도적으로 진술되어 있다. 국가 중심적 유럽 국제법의 근본사상인 '정당한 적'의 이론은 폐지 된다. 그렇지만 아직도 침략전쟁에 대한 일반적 범죄화가 언 급되고 있는 것은 아니며, 다른 누구도 아닌 오직 동맹국 국가 원수들이 자행한 인류에 대한 도덕적 범죄만이 언급되고 있 을 뿐이다. 게다가 미국의 이 견해는 비공개를 원칙으로는 하 는 심의에서의 내부적 견해 표명이었으며 미국 대표단 내에 서도 의견이 엇갈렸다.

미국 대표단의 일원으로 훗날 아이젠하워 행정부에서 국 무장관을 역임한, 반공주의의 화신으로 불렸던 존 포스터 덜 레스는 전통적인 전쟁 개념을 고수한 채 빌헬름 2세를 전범으 로 소추하는 것에 반대했다. 하지만 선례를 남긴다는 관점에 서 결정적인 것은 이 조항이 최종 평화조약에 포함됐다는 사 실이다. 미국의 최종 공식 입장은 바로 제227조가 포함된 형 벌에 관한 베르사유 조약 제7부를 수용하지 않는 것이었다. 왜냐하면, 잘 알려진 대로 미국은 베르사유 조약을 비준하 지 않았고, 하딩 공화당 행정부가 들어선 직후인 1921년 8월

25일 독일과 단독으로 강화조약을 체결했기 때문이다.

미국과 독일 사이의 체결된 조약 제2조에는 미국이 자국의 권리와 이익을 위해 규정한 베르사유 조약의 각 부분을 개별적으로 열거했다. 거기에는 베르사유 조약 제5부, 제6부, 제8부, 제9부의 내용이 포함된 반면, 전쟁범죄 및 그에 대한 처벌을 규정한 제7부는 제외됐다. 요컨데 '전쟁범죄'를 규정한 베르사유 조약 제7부는 미국과 독일 사이의 관계를 회복하는 문제에 관해 그 어떤 쟁점도 되지 못했다. 미국과 독일 간에 맺어진 개별적 강화조약에서는 형사책임에 관한 어떠한 인용도 의도적으로 회피됐다. '전쟁 주모자의 책임에 관한 위원회'에서 미국 대표단이 표명한 견해에 불구하고 독일과의 관계 회복에 베르사유 조약 제7부는 어떤 전거로도 작용하지 못한 것이다(2006:266).

그럼에도 불구하고 슈미트는 미국 안에 강력하게 확산되어 있던 완전히 다른 방향의 국내 여론을 도외시할 수 없다고 말한다. 미국의 유력 주간지 『리터러리 다이제스트*The Literary digest*』는 1920년, 빌헬름 2세에 대한 형사소송절차에 대한 미국 판사들의 견해를 물었다. 총 328명이 답한 가운데 106명이

사형, 137명이 유배형, 58명이 자유형과 그 밖의 형벌을 요구했고, 단지 27명만이 유죄판결에 반대했다. 한편에서의 공식 입장과 다른 한편에서의 일반 여론 사이의 입장차가 명백하게 드러난 것이다(2006:266).

전쟁범죄와 달리 전쟁책임문제를 다룬 베르사유 조약 제231조는 주로 배상문제와 관련해서만 논의됐다. 독일의 전쟁책임이 언급되고 이러한 책임이 침략 속에서 발견되는 경우, 그 구성 요소가 완전한 형사적 의미에서의 범죄를 제시하는 형법적 책임을 의도하고 있다는 것은 충분히 예상할 수 있는 일이다. 그러나 구체적인 경우에서는 배상문제만이 쟁점으로 작용했다. 다시 말해, 독일의 경제적·금융적 배상책임이 문제로 됐을 뿐이며, 베르사유 조약 제7부에 나와 있는 고유한 의미의 형사처벌은 전혀 문제시되지 않았다.

슈미트에 따르면, 베르사유에서 새로운 국제법상의 범죄를 만들어 낸다는 점에 관해 전승국들 사이에 그러한 발상을 촉진할 만한 공통된 감각도, 통일된 개념도 갖고 있지 못했다. 그들은 200년간 승인되어 왔으며 중립국 보호 및 전쟁수행을 위한 모든 법적 절차와 함께 유럽 국제법 전체의 법적 구조를 결정한 종래의 전쟁 개념을 폐기하려 한 것은 아니었다. 만약 그러한 의도를 가지고 있었다면, 전쟁범죄화를 위해서는 불법에 관한 일반 선언과는 별도로 특별 선언이 필요했을 것이다. 다시 말해서, 전승국 대표들이 베르사유에서 전쟁범죄화를 의도했더라면 국제연맹규약은 침략전쟁 일체를 형사범죄로 선언했어야 했다. 하지만 그런 일은 발생하지 않았다. 베르사유에서 미국 측 입장의 근간이 된 '랜싱각서' 역시 전쟁배상 범위에 있어 중립국이었던 벨기에로의 독일군의 진군과 민간인 살상과 손해만을 거론했을 뿐 새로운 전쟁 개념과 국제법상에 새로운 범죄를 만들어 내려는 어떤 의도도 담지 않았다(2006:269).

지금까지의 슈미트의 주장을 종합하면 국제연맹규약 제227조 및 228조의 채택을 둘러싼 파리평화회의에서 전쟁범죄 관련 논의는 그 어떤 의미 있는 선례를 남기지 못한 채 종결됐다는 것이다. 국제연맹규약 비준을 거부한 미국이 독일과 개별 체결한 강화조약에서 전쟁범죄와 관련한 베르사유 조약 제7부를 제외한 것이 그 대표적 증거이다. 하지만 불씨는 살아 있었다. 전쟁범죄화의 시초가 된 제네바 의정서 및 외교·정치적 수단으로서의 전쟁을 금지한 '부전조약'으로 일컬어지는 켈로그 조약 제정이 바로 그것이다. 아니러니하게도 전쟁범죄화의 불씨를 살려 낸 나라가 다름 아닌 미국이었다는 사실이다. 그것도 윌슨 대통령의 개입주의를 거부하고 '고립주의로의 회귀Return to Normalcy'를 선언한 공화당 쿨리지 행정부 체제하에서 말이다.

3) '제네바 의정서Genva Protocol'(1924): 전쟁범죄화의 시초

1919년부터 1939년까지의 20년간은 새로운 국제법 질서를 모색한 시기였다. 윌슨 대통령은 1919년의 파리평화회의에서 그러한 신질서에 대한 가장 중요한 시도를 행했다. 그러나 그 이후 미국은 유럽 문제에서 손을 뗐으며 유럽인들 스스로 문제를 처리하도록 운명을 맡겼다. 슈미트는 1924년, '제네바 의정서'[8] 채택을 둘러싼 국제연맹에서의 논란을 통해 그 시대에 있었던 전쟁의 폐지와 전쟁의 위법화 시도가 전쟁의 의

---

8 이 문서가 '제네바 의정서'로 불린 데는 국제연맹 본부가 스위스 제네바에 소재했기 때문이다.

미를 실제로 변화시켰는지 여부, 보다 구체적으로 유럽 국제법상 합법적인 것으로 인정되는 주권국가들 사이의 전쟁을 국내법에서와 같이 형사적인 범죄자에 대한 행동으로 과연 대체했는지에 관해 고찰한다.

유럽에서 전쟁은 범죄라는 사고가 명시적으로 처음 표출된 것은 바로 제네바 의정서를 통해서였다고 할 수 있다. 제네바 의정서는 '침략전쟁은 국제범죄'라는 문구를 포함했다. 이 문구의 핵심은 전쟁 폐지와 전쟁범죄화로의 길을 국제법적으로 확립하려 했다는 점에서 의의가 있다. 제네바 의정서는 1924년 10월 2일 국제연맹 제5차 총회에서 공식 제안됐지만 채택되지 못했다. 제네바 의정서가 실패로 돌아간 가장 주요한 원인은 역설적이게도 국제연맹의 지도국인 영국의 반대 때문이었다.

제네바 의정서는 침략전쟁을 범죄로 선언했지만 침략자와 새로운 국제범죄 행위자로 오직 국가만을 언급했다. 다시 말해서, 형법적 의미에서 전쟁범죄화에 핵심 장애물인 국가주권을 존중했다. 어렵사리 고안된 각종 제재는 단지 경제적·재정적·군사적 성격의 것으로 오직 국가로 향해졌다. 이에 반해 범죄 행위자로서의 국가원수·정부 구성원 또는 그 밖의 책임 있는 인물과 같은 전쟁의 특정 유발자에 대한 언급은 제외했다.

제네바 의정서 제15조 2항은 제재가 가해지는 침략국은 그 나라가 가진 급부 능력의 최대한에 이르기까지 모든 제재 비용을 부담해야 한다고 규정했다. 그러나 그 밖의 문제에 관해서는 국제연맹규약 제10조에서 '국제연맹의 모든 회원국에 주어진 영토보장'에 의거하여 해당국의 영토도 정치적 독립도 침해할 수 없었다. 슈미트는 범죄를 저지른 침략국과 그러한 국가의 정치적 독립에 대한 세심한 고려는 미국 여론과 제임스 쇼트웰[9] 등 제네바 의정서를 최초 발의한 미국 참가단

---

9 제네바 의정서는 한 미국 시민단체의 발의로부터 유래했다. 콜럼비아대학 역사학 교수이며 파리평화회의 미국 대표단 일원이었던 제임스 쇼트웰이 이들 단체의 대표였다. 이 단체는 '쇼트웰 구상'으로 알려진 보고서를 공식문서로 국제연맹에 회람시켜 일단의 사적이며 저명한 미국인들이 중요한 결의에 직접적 영향력을 행사할 수 있도록 했다. 이 일화는 슈미트가 언급한 미국의 공식적 부재와 실효적 현존의 또 다른 사례라 할 수 있다. 슈미트는 쇼트웰에 대해서는 특별한 거명할 필요가 있다고 말한다. 왜냐하면, 1927년 3월, 베를린대학에 행한 쇼트웰의 강의가 켈로그 조약, 즉 부전조약을 예비한 것으로 평가할 수 있기 때문이다. 쇼트웰은 전쟁을 인류 역사에 있어 과학 및 산업 이전에 발생한 사건으로 파악한다. 이 단계에 있

의 입장에서는 정말로 이해하기 어려웠을 것이라고 말한다
(2006:272). 이에 반해 국제연맹에 공식 대표를 보낸 유럽 정부
들의 경우 아직도 얼마나 강하게 승인된 국가적 권위에 대한
고려로 충만해 있었는가 하는 것이 여실히 드러났다.

> "형사적 관점에서의 형벌에 대하여 언급하는 것을 회피하
> 고 있는 각종 제재와 관련하여 유럽대륙의 형법학자들은 전
> 쟁범죄화는 물론 형사처벌에 대한 충분한 근거도 생각할 수
> 없었다. 침략전쟁을 범죄로 특정한 것은 국제법상에 범죄의
> 특수형태였을 뿐이다. 전통적인 유럽 국제법에서의 범죄는
> 국내 형법상의 범죄와 명백히 구별됐다. 심지어 범죄라는 용
> 어도 국내 형사법적 의미에서 범죄의 내용을 구성하지 않았
> 다"(2006:272).

어서는 전쟁은 아직도 정태적으로, 주기적으로, 계절이 되풀이되는 속에서 예측
할 수 있는 것으로 발생한다. 그에 반해, 과학적·산업적인 현재에는 예측불가하
고 능동적이어서 전쟁은 더 이상 통제할 수 없다. 따라서 전쟁은 추방되어야만 하
며 국제적 재판관할권에 의해 대체되어야만 한다. 침략자에 대한 모든 행동과 더
불어 즉각적으로 국제적인 법정이 활동에 들어가게 되어야 할 것이며 그러한 행
동을 감시해야 할 것이다(2006:271 각주 29).

미국 내 광범위한 여론은 전쟁의 위법성과 전쟁범죄라는 용어만으로도 범죄화의 요건을 충분히 구성할 수 있는 것으로 간주했다. 전쟁이 최초 발생하는 데 책임 있는 인물은 전범으로 처벌할 수 있다는 발상이 대표적이다. 그렇지만 지금까지 전쟁범죄를 구성하는 요건이 무엇인지 명확히 밝혀진 적은 단 한 번도 없었다.

침략전쟁과 침략 행위의 구별은 언뜻 보았을 때 인위적이며 형식적인 것일 수 있다. 어떤 행위를 범죄로 처벌할 수 있으려면 그 행위를 법률적으로 정교화하는 작업이 반드시 필요하다. 슈미트는 법률적 관점에서 침략전쟁과 침략 행위를 구분하는 것은 이해하기 어렵지 않으며 불가결한 것이라고 말한다. 그런데 모든 전쟁, 심지어 침략전쟁조차 통상적으로 양면적 과정, 한마디로 쌍방 간 분쟁이다. 이에 반해 침략은 일방적 행위이다. 침략전쟁을 포함한 전쟁의 정당성 또는 부당성에 관한 문제는 특정한 침략 행위의 정당성 또는 부당성에 대한 문제와는 완전히 다른 어떤 것이다. 공격 또는 방어는 절대적이고 도덕적인 개념이 아니라 상황에 의해 규정되는 과정이기 때문이다(2006:273-274).

전쟁 폐지를 위한 모든 노력은 단 한 번이라도 법적인 것과 정치적인 것을 구별하고자 한다면, 법적 문제라기보다는 오히려 정치적 문제로서의 성격을 지닌 사실적이고 실질적인 문제들의 관계에 즉각 직면한다고 슈미트는 말한다. 전쟁을 둘러싼 실질적 문제란 안전보장, 군비축소, 평화적 변경과 관련한 의제 등이다. 영국 정부는 이러한 사실적 문제들과 관련하여, 한마디로 전쟁의 정당원인과 관련하여 제네바 의정서를 거부했으며 결과적으로 제네바 의정서 채택을 실패로 돌아가게 만들었다. 오스틴 체임벌린 외무상이 1925년 3월 12일 국제연맹에서 발표한 영국 정부 공식성명에는 그러한 사실이 아주 명확하게 언급되어 있다.

"일상에서 거대한 군비를 유지하도록 만드는 암묵적 공포는 사회생활에서와 마찬가지로 국제연맹이 다루기에 적당한 국제적 생활로부터 분리할 수 없는 통상적인 갈등과는 거의 관계가 없다. 이 공포는 깊이 뿌리박고 있는 적대라는 원인으로부터 생겨나며 적대가 역사적인 혹은 그 밖의 이유로 강대국들을 분열시키고 있다. 이러한 공포가 근거 없는 것일 수도 있다. 하지만 공포가 존재한다면 그것은 조사나 중재기관을 통해 개별 분쟁을 다루는 데나 적합한 통상적 방법에 의해서도 효과적으로 제거할 수 없다. 왜냐하면 그러한 경우에 두려움이나 공포의 대상은 불의가 아니라 정복이나 복수를 목적으로 신중한 고려에 의해 취해진 전쟁이기 때문이다(2006:275 각주19).

전쟁의 정당성과 부당성에 대한 문제, 그리고 전쟁책임의 더 깊은 관례들에 대한 문제는 당연히 어려운 역사적·정치적·사회학적·도덕적 논의에 이른다. 그 논의들은 만약 실제적인 결론에 도달하고자 하는 경우는 끝나기를 거의 기대할 수 없는 논쟁이다. 그에 반해 개별적 침략 행위의 정당성이나 부당성에 대한 문제는, 더 근본적인 전쟁책임문제를 도외시하고 특정 침략 행위를 하나의 법적인 구성 요건으로 고립시킨 후 침략 행위를 정확하게 규정하여 침략 행위로 금지하는 데 성공하는 경우에는 보다 쉽게 대답할 수 있는 문제이다. 실제로 북대서양 조약기구NATO는 가맹국에 대한 선제공격을 동맹국 전체에 대한 공격으로 간주하여 군사적으로 자동 개입할 수 있는 이른바 '트리거 조항'을 채택함으로써 이 문제에 대한 일정한 해결을 보았다.

　　"침략과 침략자에 대한 법적으로 사용할 수 있는 정의를 규정하기 위한 수십 년간의 노력은 침략 행위를 어떻게 규정할 것인가 여부에 의해 설명된다. 사람들은 침략과 침략자를 될 수 있는 한 명확하고 단순히 정의하기 위해 하나의 엄밀한 확정을 시도했다. 예를 들어, 먼저 군사력의 사용으로 나아간 자, 또는 상대방의 영토 보전을 먼저 침해한 자, 또는 특정 유예기간이나 특정 절차를 사전에 준수함이 없이 선전포고한 자가 침략자라고 하는 것과 같다. 그러므로 정당원인의 문제라고 하는 어려운 문제, 즉 실제로 정당한 전쟁의 문제와 전쟁 책임의 문제를 회피하기 위해서는 누가 먼저 발포했는가, 다시 말해서 침략 행위 자체에 한정하는 것이 목적에 적합할 뿐만 아니라 실로 필요한 것이기까지 하다"(2006:275-276).

　　하지만 전쟁 일반을 범죄로 규정하는 데 있어 법적인 사고방식과 정치적 사고방식 사이의 딜레마는 특히 어렵고도 위험한 방식으로 나타난다. 전쟁범죄화라는 목표를 실현하기 위해서 침략전쟁을 법적으로 정교화하는 작업은 필수적이다. 하지만 일반인들이 강하게 느끼고 있는 전쟁의 정당성과 부당성, 그리고 전쟁책임과 같은 문제는 후퇴한다. 침략자를 법적으로 정의하려는 노력 속에서 전반적 군비확장에 따른 안전보장의 결여와 같은 전쟁의 보다 깊은 원인은 의도적으로 무시될 수밖에 없다.

현대적인 파괴수단을 총동원한 세계대전에서와 같이 가공할 문제에 직면했을 때, 이 딜레마는 실제의 악몽이 되었다고 슈미트는 말한다. 지금껏 한 번도 경험해 보지 못했던 혼란과 딜레마에 처해 있던 유럽인들은 '제네바 의정서'와 같은 전쟁 금지 및 전쟁범죄화 시도를 전쟁의 위험 자체를 근본적으로 제거하려는 노력이라기보다 대단히 복잡한 법률적 논의의 산물로 간주했다. 제네바 의정서를 실패하게 만든 1925년 3월 12일의 영국 정부의 공식성명은 이러한 어려움과 딜레마를 공공연하게 표명했다. 영국 정부의 성명은 침략자에 대한 "문서상의 것에 지나지 않는" 정의만으로는 군사행동이 단순히 방어적 목적을 위해 취해진 것인지 그렇지 않은지 여부를 구별할 수 없다는 점을 지적하며 다음과 같이 주장했다.

　　"침략과 침략자에 대한 형식적 결정은 전쟁의 원인이라고 하는 핵심쟁점에 대한 해결을 촉진하지 않으며, 마찬가지로 군비축소를 촉진하는 것이 아니라 오히려 방해할 뿐이다. 왜냐하면 그러한 형식적 결정은 잠재적 침략자에 대한 방어 준비를 항상 필요하게 하며, 동맹국에 대한 원조 의무의 결과 전쟁의 확대를 불가피하게 할 것이기 때문이다. 이것은 원조 의무가 경제적 저항력이 상당한 국제연맹 비회원국에 대항하기 위해 취해질 경우 특히 위험한 것으로 된다"(2006:278-279).

　1924년의 제네바 의정서는 유럽 국제법을 지탱해 온 핵심 의제인 '정당한 전쟁'에 대한 근본적 물음에 대해 답하지 않았으며 한 번도 답하려 하지 않았다는 사실로 인해 실패로 끝났다. 이 실패가 유럽 인민들과 정부들에게 가져다준 비관적 인상, 특히 1925년 3월 12일의 영국 정부의 성명이 유럽인들에게 끼친 영향은 대단히 컸다. 그러한 영향이 유럽인들로 하여금 전쟁범죄화라고 하는 새로운 국제범죄가 성립할 수 있다는 믿음을 저버리게 했으며 전쟁 금지의 기대에 찬물을 끼얹었다. 하지만 전쟁의 위법화를 촉진하려는 미국인들은 제네바 의정서가 실패로 돌아갔다고 해서 당황하거나 포기하려 하지 않았다. 그들은 1928년 부전조약에서 전쟁에 대한 공식적 유죄선고를 달성했고 국가의 정책 수단으로서의 전쟁 폐지를 선언했다.

"켈로그 조약(부전조약)과 더불어 국제법의 세계관이 바뀌었다. 그것이 이 조약에 담겨진 모든 개별적이고 상세한 규범과 공식화보다 중요하며 전쟁에 대한 그것의 유죄선고의 해석보다 중요하며, 그것이 포함하고 있는 수많은 명시적, 묵시적 단서조항에 대한 해석보다 중요하다. 이제 서반구가 무대 전면에 등장했으며 전쟁을 둘러싼 광범위한 의미 변화를 결정했다"(2006:279-280).

켈로그 조약이 명확하게 적시한 전쟁에 대한 유죄 선고를 국제연맹규약 및 제네바 의정서와 조화시키려는 모든 시도는 성공을 거두지 못했다. 그런데 이때 소련이 전쟁의 의미 변화에 대한 논쟁에 불쑥 끼어들었다. 소련은 이미 1932~1934년 군축회의와 1933년 7월의 런던협약London Convention에서 침략과 침략자를 규정하는 문제에 있어 주도적인 위치를 점했다. 그리하여 국제법상 전쟁 개념을 만들어 왔던 유럽 열강이라는 권력 축은 힘을 상실했고 소련과 미국의 힘이 그들 스스로 아무것도 할 수 없게 된 유럽 국가를 압도했다. 이윽고 동·서방은 1945년 8월 8일 런던협정London Statute에서 의견일치를 보았다. 이제 전쟁범죄화 시도가 본격적인 궤도에 올랐다 (2006:280).[10] 지금까지 전쟁범죄화에 관한 슈미트의 논의를 종합하면, 국제정치의 근본문제인 구체적 공간질서, 즉 '대지의 노모스'에 대한 합의가 전제되어야 전쟁범죄를 국제법적으로 규정하려는 노력 또한 의미 있는 성공을 거둘 수 있다는 것으로 요약할 수 있다.

---

10 슈미트는 이 대목에서 전쟁범죄화에 관련한 더 이상의 논의를 중단하겠다고 말한다. 그 이유는 1945년의 '런던협정'에 의거해 뉘른베르크 전범재판이 시작됐고 슈미트 역시 이 재판에서 유죄를 선고받아 1년간 복역한 사실을 염두에 둔 것으로 여겨진다. 한마디로, 하고 싶은 말은 많지만 자신이 직면한 정치적 상황으로 더 이상 언급하지 않겠다는 무언의 항의 표시로 여겨진다.

7. 공간의 의미 변화: 현대적 파괴수단으로서의 전쟁

슈미트는 오늘날의 자연과학과 첨단기술은 모든 권력 보유자들에게 무기라는 개념을 초월하는, 그와 더불어 전쟁이라는 개념도 초월하는 수단과 방법을 제공하고 있다고 말한다. 그에 따라 현대적인 파괴수단의 발전은 유럽 공법의 몰락이라는 공간의 의미 변화와 함께 국가 간 전쟁의 '내전화'라는 의미 변화를 가속화하고 있다. 현대적 파괴수단으로서 원자폭탄과 같은 대량살상무기의 발전은 전쟁범죄화의 경과와 보조를 맞춰 왔다.

여기서는 현대적 공중전에 의한 공간변화가 특별히 눈에 띤다. 이제까지 강대국들이 공중전에 대한 엄밀한 규칙과 관련하여 의견일치를 보지 못했다는 것은 널리 알려진 일이다. 하나의 완전히 새로운 전쟁 양식인 독립적인 공중전은 이제까지의 육전과 해전에서의 무기와 방법들에 추가되는 전쟁 양식이 결코 아니다. 무엇보다도 공중전은 노획전鹵獲戰이 아니며 순수한 파괴전破壞戰이라는 점에서 육전 및 해전과는 명확히 구별된다.

슈미트는 육전과 해전의 경우, 직접적인 전리품의 가능성이 존재하고 있는 데 반해 독립적인 공중전에 있어서는 공군 자체의 특별한 수단과 방법에 의해 어떠한 전리품도 획득할 수 없다는 점에서 도덕적 장점이나 단점을 찾아내는 일은 무익한 논쟁에 지나지 않는다고 말한다. 전폭기 조종사들은 성 게오르기우스Saint Georgius가 하늘을 나는 용龍을 죽이기 위해 창을 사용한 것과 마찬가지로 적국 주민에게 그가 보유한 화기를 수직적으로 사용하기 때문이다.

"독립적인 공중전은 폭력을 행사하는 세력과 폭력을 당하는 주민 사이의 관계를 해전에서의 봉쇄의 경우보다 훨씬 고도로 폐지한다. 공중 폭격에 있어 토지와 그 토지에 살고 있는 적국 주민에 대한 전쟁수행국의 무관계성은 절대적인 것이 된다. 이 경우 보호와 복종의 관계의 그림자도 더 이상 남아 있지 않는다. 공중전에서 아군, 적군 상관없이 그러한 관계를 만들어 낼 수 있는 가능성이 아예 존재하지 않는다. 비행기는 돌연히 날아와서 폭탄을 투하한다. 저공비행을 하는 비행기는 지면으로 강하하고 다시 상승한다. 둘 다 모두 파괴적 기능을 수행하고는 곧 바로 지상에 있는 인간과 사물의 운명을 기존 통치자에게 그대로 남겨 둔다. 전쟁 양식과 노획의 관계에 대한 고찰과 마찬가지로, 보호와 복종의 관계에 대한 고찰 역시 절대적인 탈장소화脫場所化를 드러내며 현대 공중전의 순수하게 파괴적인 성격을 보여 준다"(2006:320).

슈미트는 사람들이 공중전에서는 단지 파괴적인 전쟁기법, 다시 말해 장거리무기만이 문제라는 식으로 반론을 제기할지 모른다고 슈미트는 말한다. 이 지적은 일견 타당하다. 하지만 국제법상의 전쟁과 관련하여 보다 광범위하고 중요한 문제를 제기한다. 왜냐하면, 파괴수단의 제한과 전쟁의 제한은 '정당한 전쟁', 즉 정전正戰 문제와 관련되어 있기 때문이다. 이 문제는 두 가지 측면을 지닌다. 한편으로 범죄자 또는 극악무도한 인간과 구별되는, 법적으로 승인된 적, 다시 말해서 정당한 적이라는 측면과 다른 한편으로 정당원인이라는 측면이다. 정당한 전쟁과 정당원인이라는 두 측면은 현대적 무기체계와 특정한 방식으로 결합해 있다.

슈미트는 무기가 현저하게 불평등하게 되면 동일 공간에

입각하여 구상된 상호대칭적 형태의 비차별 전쟁 개념은 무너진다고 말한다. 왜냐하면 특정 기회를 활용한 최소한의 승리 가능성은 쌍방 간 전쟁의 본질적 속성을 이루기 때문이다. 최소한의 승리 가능성마저 사라지게 되면 전쟁 상대방은 강제조치 대상이 될 뿐이다. 그럴 경우, 전투를 수행하는 당사자들 사이의 대립은 그에 상응하는 정도로 한층 격화할 수밖에 없다.

"무력과 법의 구별을 통해 패배한 세력은 내전 속으로 추방된다. 승리한 세력은 그가 지닌 무기의 우월성을 자신이 행사하는 무력의 정당원인의 증거로 간주하며 적을 범죄자로 선언한다. 왜냐하면, 범죄자는 더 이상 정당한 적이라는 개념을 실현시킬 수 없기 때문에 적을 범죄자로 단죄하여 차별하는 것과 정당원인을 동시에 끌어들이는 것은 파괴수단의 고도화와 전장의 탈장소화와 병행한다. 요컨대, 기술적인 파괴수단의 고도화는 파괴적인 법적·도덕적 차별화의 심연을 열어젖힌다"(2006:320-321).

전쟁이 평화 파괴자나 범죄자 등 사회적 악을 유발하는 세력에 대한 경찰 행동으로 전환함으로써, 그에 상응하여 폭격에 대한 정당화도 고양시킬 수밖에 없다. 그리하여 사람들은 적에 대한 차별을 끝 모를 심연深淵에까지 밀고 나간다. 우리는 이러한 사례를 멀리 갈 것도 없이 2004년 이라크전쟁과 2023년 이스라엘이 자행한 팔레스타인 가자지구 폭격을 통해 지금도 여전히, 그리고 충분히 발견할 수 있다.

슈미트는 오직 하나의 관점에서만 정당한 전쟁에 관한 중세의 교리는 오늘날도 직접적으로 적용 가능하다고 말한다. 그에 따르면, 1139년 개최된 제2차 라테란공의회Lateran council 는 기독교 군주 및 기독교 도시들 사이의 전쟁과 관련하여 투석기 등 장거리무기 사용금지를 공표했다. 기독교 세력 간 전쟁에서의 장거리무기 사용금지 원칙은 이교도 등 정당하지 않은 적에 대해서는 장거리무기 사용을 허용했다는 사실을 잘 보여 준다.

하지만 장거리무기 사용과 정당한 전쟁의 관련성은 기독교들 사이의 전투에서도 그대로 적용됐다. 왜냐하면, 교회의 장거리무기 사용금지 원칙은 부당한 측에게만 효력을 발휘할 뿐 기독교라 할지라도 정당한 세력이 부당한 세력에 대항하여 싸우기 위한 효과적인 무기 사용은 금할 수 없다는 식으로 공의회 주석자들이 새롭게 해석했기 때문이다. 종교전쟁이 이 해석이 적용된 최초 사례에 해당한다. 슈미트는 기독교도 사이의 내전이었던 종교전쟁에서 이 주장은 반박하기 어려운 것으로 여겨졌으며, 당시 사람들은 정전과 장거리무기 사용의 근본적 관련성을 승인할 수밖에 없었다고 말한다(2006:321).

현대적 파괴 수단은 현대의 인간이 그것을 필요로 했기 때문에 등장했다. 그래서 슈미트는 이러한 파괴 수단의 사용을 정당화하기 위해서는 정당한 전쟁에 대한 새로운 해석이 요구될 것이라고 말한다. 여기서 문제는 현대적 정당한 전쟁이 중세의 종교전쟁과 유사한 방식으로 전개될 가능성이 높다는 데 있다. 전쟁의 경찰 행동으로의 전환과 그에 따른 전쟁의 내전화가 바로 그것이다. 슈미트에 따르면, 이 사태를 방지하기 위해서는 새로운 우호선이 절실히 필요하지만 현대의 우호선이 전쟁범죄화를 통해 생겨난다면 그것은 불행한 일이 될 것이다(2006:322). 이로부터 좌절과 희망이 혼재돼 있는 슈미트의 묵시론적 경구를 이 글의 결론으로 삼는 것은 대단히 적절한 일로 여겨진다.

　　"오늘날 하늘이 바다를 침식하며, 육지 또한 침식한다는 사실, 그리고 인간이 그들의 행성을 생산기지와 항공모함의 복합체로 전환하려 할 것이라는 점은 충분히 예상할 수 있는 일이다. 그렇게 되면 새로운 우호선이 그어질 것이고, 그러한 경계를 넘어 원자폭탄과 수소폭탄이 투하될 것이다. 그럼에도 불구하고 우리는 새로운 대지의 노모스를 발견할 수 있으며, 평화를 만들어 가는 사람들이 그러한 세계를 물려받을 것이라는 데 희망을 걸어야 한다"(2006:49).

에필로그

새로운 대지의 노모스는 직전까지 존재했던 대지의 노모스의 위기로부터 출현한다. 그리스어 '분리되다Krinein'에서 유래된 '위기Crisis'라는 개념은 본래 회복과 죽음의 분기점이 되는 갑작스럽고 결정적인 병세의 변화를 가리키는 의학용어로 사용되었다고 한다. 현재 이 위기라는 용어는 사회과학적 의미로 더 많은 용례를 얻고 있다. 위기가 일방적 파국을 지칭하는 것이 아님은 그것을 어떻게 극복하느냐에 따라 바로 새로운 대안을 향한 출발 및 기회를 동시에 내포하기 때문일 것이다. 칼 슈미트는 이미 1942년, 딸에게 쓴 에세이 형식의 『땅과 바다』라는 책에서 새로운 노모스가 생성되는 과정에 대해 유려한 필체로 그려 냈다.

"이전의 원소들과 새로운 원소들에 대한 인간의 새로운 관계들이 새로운 노모스를 불러내고 인간 실존의 변화된 척도와 관계들이 노모스를 강제하고 있는 거야. 꽤 많은 이들은 여기서 죽음과 파괴만을 보려 할 거야. 어떤 사람들은 세계의 종말을 체험하게 될 거라고 믿겠지. 하지만 우리가 실제로 체험하고 있는 것은 지금까지 땅과 바다의 관계의 종말일 뿐이야. 새로운 것에 대한 인간의 불안은 종종 비어 있음 앞에서의 불안만큼이나 크다고 할 수 있어. 그 새로운 것이 실상 그 비어 있음의 극복인데도 말이야. 새로운 의미가 자신의 질서를 얻기 위해 씨름하는 곳에서 많은 사람이 무질서만을 보는 이유도 그 때문이지. 당연하게도 낡은 노모스는 떨어져 나가고 그와 더불어 모든 전승된 척도, 규범과 관계들의 체계 전체도 사라질 거야. 하지만 그렇다고 해서 그 이후에 도래하는 것이 무절제이거나 노모스에 적대적인 무無이기만 한 것은 아니야. 낡은 힘과 새로운 힘들이 가장 격렬한 씨름을 벌이는 곳으로부터 정당한 척도가 생겨나고 의미심장한 비율이 형성되기 마련이니까"(Schmitt, 2016:130-131).

슈미트는 대지의 노모스의 위기를 극복하지 못한 사례로

국제연맹을 적시한다. 국제연맹의 실패의 원인은 국제연맹에는 어떠한 공간질서를 향한 확립적인 결단도 어떠한 공간적인 질서의 사고도 완전히 결여되어 있었다는 사실에 근거했다. 슈미트가 국제연맹을 비판한 지점은 일견 타당한 측면이 있다. 하지만 우리는 새로운 대지의 노모스로서의 윌슨의 국제주의를 국제연맹 시기뿐만 아니라 2차 세계대전 이후 국제연합의 창설 및 냉전 질서의 고착이라는 20세기 전체로 확장하여 살펴볼 필요가 있다. 이렇게 확장된 시각에서 고찰한다면 적어도 전후 미국 주도의 세계 질서는 칼 슈미트가 언급한 공간질서의 개념을 상실한 게 아니라 유럽에 국한되지 않는 전 세계적인 형태에서 새롭게 창출한 것임을 이해할 수 있다. 그것은 바로 이데올로기에 의거한 새로운 공간질서를 만들어 낸 것이며 냉전으로 불리는 시기가 바로 여기에 해당한다.

윌슨주의는 단순한 평화주의가 아니었다. 윌슨은 미국 주도로 새로운 공간질서를 창출해 낼 수 있는 근거를 제시했다. 그것은 바로 세계경찰로서의 미국의 역할이었다. 일찍이 윌슨은 미국의 안보가 전 세계 인류 '모두'의 안전과 분리될 수 없다는 외교원칙을 제시했다. 이는 국제주의의 원형으로 부를 만한 것으로 이후 미국이 지구 '어디서든' 호전적 침략 행위에 대해 반대하는 것을 자국의 의무로 삼겠다는 결의를 함축했다.

"정의와 자유의 원칙에 입각하여 스스로의 삶을 개발하고 결정하는 일을 방해하거나 교란하지 말 것을 요구합니다. 우리는 호전적인 행위를 결코 하지 않으며, 따라서 세상의 어느 곳에서 벌어지든 호전적인 행위에 대해 분노할 것입니다. 우리는 스스로 선택한 국가 발전 선상의 경로를 추구하는 데서 안보가 확보되기를 요청합니다. 하지만 우리는 그 이상을 요구합니다. 다른 국가들 역시 우리가 원하는 바를 확보하기를 바라기 때문입니다. 개인의 자유 및 국가의 자주적인 발전에 관한 정열을 우리의 상황이나 활동에만 국한하지 않을 것입니다. 인간이 살아가는 곳이라면 어디서나 그러한 이상이 실현되기를 바랍니다. 우리는 독립과 정의를 향한 어려운 길을 걷고자 합니다"(Kissinger, 1994:47).

미국의 미래상을 전 세계에서 선량한 경찰 역할을 수행

하는 데서 발견한 윌슨적 사고야말로 2차 세계대전 이후 냉전과 봉쇄의 전조였다는 키신저(Kissinger, 1994:47)의 주장은 그리 과장된 표현이 아니다. 미국이 주창한 전후 국제질서는 윌슨이 제시한 이념과 세계경찰로서의 미국의 역할에 근거하여 봉쇄라는 독특한 공간질서 관념을 창출했다. 대표적으로 트루먼 독트린과 냉전의 대명사인 조지 케난의 봉쇄정책 역시 동서를 이데올로기로 가로지르는 특정한 공간관념, 새로운 대지의 노모스를 축으로 했다. 우리에게 잘 알려진 '애치슨 라인'(Acheson, 1950) 역시 새로운 공간질서 맥락에서 이해할 수 있다.

봉쇄 개념을 고안한 조지 케난은 「소련 행동의 원천」이란 글에서 소련이 군사적 위협을 제기한다거나 전쟁을 원하고 있다고 판단하지 않았다. 케난은 소련의 도전을 주로 정치적이며 경제적인 것으로 간주했다. 미국 외교 전략의 핵심 요소는 소련의 팽창 경향을 "장기적이며 끈기 있으면서도 확고하고 빈틈없이 봉쇄하는 것"으로 언급함과 동시에 "소련정책의 움직임과 기동에 대하여 부단히 움직이는 일련의 지리적·정치적 영역에서 방심하지 말고 자유자재로 이에 대응하는 힘을 적용하는 것이 필요"(Kennan, 2012:125-126)하다고 강조하는 것을 잊지 않았다. 케난의 봉쇄 개념에 입각하여 트루먼 대통령은 1947년 3월에 행한 의회연설에서 "무장한 소수 또는 외부 압력에 의해 야기되는 정복 기도에 맞서 싸우는 자유 인민들을 지지하는 것이 미국의 정책이 되어야 한다고 믿습니다"(Ambrose, 1996:108)라고 미국 대외정책의 핵심을 간략히 요약했다.

우리는 '냉전'을 미국과 소련이라는 두 개의 초강대국을 축으로 동서 간 이념대립이라는 특정한 공간질서를 바탕으로 형성된 20세기의 대지의 노모스로 규정할 수 있다. 봉쇄의 주 공간이 서유럽이었던 관계로 미국과 소련은 동유럽을 세력균형의 희생물로 삼았다. 하지만 그 대가로 대규모의 군사 분쟁 내지 세계전쟁은 방지할 수 있었다. 독일분단, 한반도 분단, 중국 분단, 일본의 기지국가화基地國家化는 미국의 세계경찰로서의 역할이 야기한 새로운 공간질서의 산물이었다. 냉전에 대한 평가는 관점에 따라 다를 수 있겠지만, 소련의 개혁, 개방이 어느 정도 성공하고 신 데탕트 형태로 냉전 구도가 완화될 수 있었다면 보다 안정된 국제질서로 자리 잡을 수 있었다는 게 필자의 견해이다.

탈[脫]냉전 이후의 세계가 냉전기보다 더 불안하게 느껴지는 이유는 새로운 대지의 노모스를 창출하지 못했기 때문이다. 냉전 해체 이후 새로운 공간 개념의 필요성이 대두했음에도 국제사회가 이에 합의하지 못하고 지연된 결과가 바로 우크라이나 전쟁과 같은『이상한 나라의 엘리스』에나 나올 법한 괴상한 형태의 전쟁으로 분출하고 있는 것이다.

미국을 비롯한 국제사회는 개전 이후 우크라이나에 대한 무기지원 외에 해결의 실마리를 제시하지 못했다. 특히, 일방의 주권국이 타방의 주권국을 군사적으로 침공한 침략전쟁임에도 유엔 안보리는 침략전쟁을 부정하고 이에 공동대처하는 국제연합 헌장 제1조에 근거한 집단안전보장을 발동하지도 못 하고 있는 상황이다. 러시아는 우크라이나 침공에 앞서 '특수군사작전'이라는 이름 아래 국제연합 헌장 제51조에 근거하여 자위권 행사를 주장했다.[11] 이는 종전 이후 국제사회를

---

11 'No other option': Excerpts of Putin's speech declaring war ｜ Russia-Ukraine war News
    ｜ Al Jazeera(2022. 2. 24).

규율해 온 공준公準이라 할 수 있었던 미국 주도의 전후 '대지의 노모스'의 위기를 반영하는 것으로 이해해도 무방할 것으로 여겨진다.

우크라이나전쟁을 위시한 현재의 국제정치 상황은 1차 세계대전 이후 조성된 국제연맹 체제의 혼돈으로부터 야기된 전간기戰間期 상황과 상당한 유사하다. 물론, 우크라이나전쟁은 세계전쟁으로까지는 비화하지 않을 전망이다. 우크라이나의 나토 가입을 불승인하는 조건으로 현재의 전선에서 비무장 완충지대를 설정하는 한반도식 해법으로 종결될 가능성이 있다(최형익, 2023).

하지만 이 역시 미봉책에 지나지 않는다. 정치와 경제의 새로운 관계에 의해 시사된 공간 문제들에 대하여 숙고하는 작업, 탈냉전기 이후 조성된 새로운 국제정세를 바탕으로 하는 새로운 공간질서, 곧 대지의 노모스를 만들어 내지 못하는 한, 더 커다란 위기가 우리를 기다리고 있다. 그러한 위기는 바로 시한폭탄처럼 째깍거리며 폭발의 임계점을 향해 가는 중국과 대만 사이의 양안兩岸 문제로 촉발할 가능성이 높다. 왜냐하면, 중국이 대만에 대한 군사행동을 실행에 옮길 경우, 이를 전쟁이 아닌 민족 내부 문제, 이를테면 남북전쟁 당시 링컨 행정부가 원용한 내란에 준하는 사태로 대응할 가능성이 현저하기 때문이다.

19세기 말에 대문자로 쓰여진 '외교의 시대', 한마디로 유럽 공법의 국제법 시대는 이미 종말을 향해 가고 있었다. 외교의 시대가 끝나가고 있다는 말은 1648년 베스트팔렌 조약 이후 국제정치를 지배해 온 영토 주권국가의 신화가 끝나 가고 있음을 의미한다. 빅토르 위고가 『파리의 노트르담*Notre-Dame de Paris*』에서 노래한 대성당의 시대로 상징되는 보편 중세가 한 세기만에 종말을 고했던 것과 유사하게 말이다. 주권이란 자연법적 원리가 아닌 17세기의 특정 정치상황과 관련해서 유럽에서 발생한, 보다 정확히 프랑스가 발명하고 영국이 꽃피운 정치이념이다. 주권과 외교가 국제정치에서 동일한 정치원리로 작동하기 위해서는 전쟁권을 인정받을 수 있어야 한다.

영토주권에 기초한 외교시대의 종언 및 유럽 국제법의 위기가 제국주의와 세력권, 그리고 동맹의 경직성을 초래했다. 이들 에너지가 한데 응축하여 폭발한 1차 세계대전은 바로 주권의 절대성에서 비롯된 전쟁권이 더 이상 국가의 정당한 권리로 작동하지 않게 됐음을 의미했다. 계몽과 문명, 진보에 도취해 온 근대인류는 유감스럽게도 한 차례 더 세계전쟁을 경험하고 나서야 그 사실을 어렴풋하게나마 깨달을 수 있었다.

국제연합이 창설되고 냉전이 본격화된 1950년대 이후부터 국제사회는 '전쟁War'이란 말 자체를 금기시했다. 전쟁 개념은 시대에 따라 고유한 정치적·국제법적 의미를 지니고 있기 때문에 모든 국가가 공식적으로 전쟁이라는 용어 사용을 회피했다. 미국은 전후 세계에서 발생한 대부분의 분쟁에 개입했지만 선전포고와 함께 상원 비준을 통해 전쟁이란 용어를 공식 사용한 것은 2004년 이라크전쟁이 유일하다. 러시아 또한 '우크라이나전쟁'에서 '전쟁'이라는 말을 공식적으로 사용하고 있지 않다.

새로운 대지의 노모스의 창안이란 관점에서 인류가 현재 도달해 있는 국제정치적 상황은 간명한 편이다. 그것은 바로 인류가 근대국가의 창설 원리로 창조해 낸 '주권' 개념이 과연 앞으로도 계속해서 정치 공동체의 이념으로 견고하게 유지될 수 있을까 하는 것이다. 다른 건 몰라도 국제법의 관점에서 주권의 절대성은 심각히 도전받고 있으며 새로운 대지의 노모스의 원리로 작동하지 못할 것이라는 사실만큼은 분명해 보인다.

주권을 대체할 수 있는 국제정치의 원리는 어떤 것일까? 인류는 더 이상의 세계전쟁을 겪지 않고도 새로운 대지의 노모스의 창설에 합의할 수 있을까? 다른 건 몰라도 이러한 목적을 성취하기 위해서는 국가이익과 세력균형에 기반한 현실주의적 접근은 더 이상 유효하지 않을 것이라는 사실이다. 대립과 갈등을 넘어 인류의 보편적 이해에 기반한 협조외교만이 세계평화를 가져올 수 있다.

긍정적 의미에서건 아니면 부정적 의미에서건 인류는 바로 그러한 발전 단계에 도달해 있다. 이렇게 되기 위해서는 국적 불문하고 전쟁에 반대하며 평화를 애호하는 세계시민의 결의와 노력이 절실히 필요하다. 냉전을 초래하는 데 일조하긴 했지만 윌슨주의의 이상은 지금도 여전히 21세기 평화를 향한 영감의 원천으로 작용한다.

21세기의 평화를, 새로운 대지의 노모스를 설계하는 문제에 있어 식민지에서 해방된 이후 그 어떤 무력 분쟁도 발생하고 있지 않은 동남아시아의 역사적 경험을 참조할 필요가 있다. 아세안으로 통칭되는 동남아시아에서는 다른 지역에서 주기적으로 발생하는 국경 분쟁조차 발생하지 않고 있다. 이 지역에서 발생한 최근의 군사 분쟁 역시 베트남이 중국을 상대로 벌인 1979년 전쟁이 마지막일 정도로 오랜 기간 동안 평화와 경제번영, 국가 간 협력을 잘 유지하고 있다. 같은 시기 군사 분쟁과 내전으로 점철해 온 중동지역의 그것과 비교해 보면 동남아 지역의 평화는 한층 도드라져 보인다.

현재 이 지역의 평화를 위협하는 최대 긴장 요인은 남중국해·서필리핀해·동베트남해·보르네오해 등지에서 중국이 필리핀, 베트남 등 아세안 국가들과 다투고 있는 영토 분쟁이다. 이 분쟁에 있어 동남아시아 내 관련 국가들은 동병상련의 입장에서 연대와 협력을 강화하고 있다. 동남아시아 지역 국가들은 미국과 중국 어느 한쪽과도 군사동맹을 체결하고 있지 않다. 대외적으로는 비동맹을 추구하는 반면 지역 내에서는 국가 간 평화를 잘 유지해 온 아세안 국가들의 협력 경험은 새로운 대지의 노모스를 창설하는 데 있어 유럽의 그것보다 상당한 영향을 미치며 긍정적인 방향으로 작용할 것이다.

미중패권전쟁이니 신냉전 시대의 도래니 하는 유령이 떠돌고 있다. 하지만, 그것은 단견에 불과하다. 강대국들이 인류 운명을 좌우하고 지구를 통치하던 시대는 끝났다. 평화를 애호하는 세계만민의 역량이 국가 간 정치를 압도할 것이다. 질적·기술적 차원에서 인류를 절멸할 정도의 무기 체계는 핵무기의 등장으로 이미 그 정점에 달했다. 국제관계를 규율하는 절대자로서의 주권의 신화를 넘어서는 새로운 대지의 노모스, 곧 구체적 공간질서에 관한 새로운 합의에 도달하지 못하는 한 인류를 기다리고 있는 건 공멸이다. 인류는 지금, 어떤 신뢰할 만한 지도나 안내서도 갖지 못한 채 항구적 평화를 향한 전인미답의 길을 가고 있다. 중간은 존재하지 않는다. 죽느냐 사느냐, 오직 그것만이 문제가 될 뿐이다.

참고문헌

김영석. 2023. 『국제법』 제3판. 박영사.

무스 무네미쓰(陸奧宗光). 2021[1929]. 『건건록』. 이용수 옮김. 논형.

최형익. 2023. 「우크라이나 전쟁과 '대지의 노모스'의 위기」. 제16차 한일정치사상학회 공동심포지엄 '포퓰리즘과 민주주의의 향방: 위기시대의 정치사상' 발표논문(2023년 12월 9일). 도쿄: 국제기독교대학.

Acheson, D. 1950. "Crisis in Asia: An Examination of United States Policy." *Department of State Bulletin* 22.551(23 January).

Ambrose, S. 1996. 『국제질서와 세계주의』. 권만학 옮김. 을유문화사.

Kennan, G. 2012[1951]. *American Diplomacy 1900-1950*. Chicago: University of Chicago Press.

Kissinger, H. 1994. *Diplomacy*. New York: Simon & Schuster.

Liu, L. 2022. 「국제법의 사상계보」. L. Liu 외. 『세계질서와 문명등급』. 차태근 옮김. 교유서가.

Schmitt, C. 1995[1950]. 『대지의 노모스: 유럽 공법의 국제법』. 최재훈 옮김. 민음사.

_____. 2006[1950]. *The Nomos of the Earth in the International Law of the Jus Publicum Europaeum*. Translated and Annotated by G. L. Ulmen. New York: Telos Press Publishing.

_____. 2016[1942]. 『땅과 바다: 칼 슈미트의 세계사적 고찰』. 김남시 옮김. 꾸리에.

Wheaton, H. 1936[1836]. *Elements of international law*. Oxford: Clarendon Press.

_____. 2021[1864]. 『만국공법』. 윌리엄 마틴 한역(漢譯). 김현주 옮김. 인간사랑.

칼 슈미트의
『대지의 노모스:
  유럽 공법의 국제법』 읽기